本書係「敦煌文獻系統性保護整理出版工程」項目成果

二〇二一—二〇三五年國家古籍工作規劃重點出版項目

「十四五」國家重點出版物出版規劃項目

國家古籍整理出版專項經費資助項目

# 中國國家圖書館藏
# 敦煌文獻

中國國家圖書館 編

第九冊

BD00111～BD00122

國家圖書館出版社

# DUNHUANG MANUSCRIPTS IN THE NATIONAL LIBRARY OF CHINA

009

BD00111 ~ BD00122

*compiled by the*

National Library of China

National Library of China Publishing House

**顧問** 方廣錩 郝春文 榮新江 李際寧

**編纂出版** 張志清 魏崇 陳紅彦 殷夢霞 薩仁高娃 謝冬榮 劉波 林世田 廖生訓

**編纂** 林世田 薩仁高娃 常蓋心 于瑞 劉毅超 劉波 劉炳梅 周升川 劉婷 程佳羽 沈艷麗 高雅

**編輯** 潘竹 程魯潔 黄鑫 苗文葉

**審稿** 孫彦 耿素麗 宋志英 鄧咏秋

# 凡例

一　本書刊布中國國家圖書館藏敦煌文獻，以館藏編號爲序編排。

二　館藏編號采用「BD+流水號」格式，如BD00001, BD16579等。背面在編號後加v表示。一個編號包含多件文獻者，編號後分别綴以字母A, B, C等。一件文獻含有多個内容者，以數字-1, -2, -3等標明順序。

三　圖版有縮印或放大處另加説明，尺寸超出本書幅面的以摺葉形式呈現。

四　卷軸裝、梵夾裝、經摺裝等裝幀形制的敦煌文獻，各附外觀圖像。

五　每件文獻依次呈現外觀、正面、背面等。背面僅刊布有文字、圖像或其他要素的圖版，而略去素紙部分，背面圖版同樣以從右到左順序編排。凡有外題者，遵從以上原則。

六　除個别特殊情況外，爲保證閲讀連貫、流暢，圖版儘量通欄呈現。

七　各葉上方附該件文獻全圖，以高亮形式顯示本葉大圖在全卷中的位置。部分長卷文獻全圖衹能分多段呈現時，在上段末以〈符標示下段接續。卷尾内容不足一葉時，文獻全圖使用該圖卷尾部分，亦以〈符標示。背面圖版文字與正面文字方向相反時，文獻全圖按原貌顯示，正文翻轉呈現，以便閲讀研究，用⟲符標示。

八　文獻題名大體沿用中國國家圖書館此前所編多部敦煌文獻目録的考證，部分吸收學界最新研究成果略作調整和完善。文獻題名綜合參考原卷首題、尾題、外題確定，如原卷題名與該文獻正式名稱不同，則采用正式名稱；無題名者，或比定題名，或擬定新名。非漢文文獻在題名前標注語種。有分卷不同等其他情況者，括注於文獻名稱後。

九　本書著録使用通行繁體字，涉及原文中的人名、地名等，必要時保留原字形。

# About this publication

1. The documents are presented in shelfmark order.
2. The shelfmarks are in the form BD plus a running number, eg. BD00001, BD16579, &c. If a given shelfmark contains multiple documents, these are distinguished by the letters A, B, C, &c. If a document has multiple contents, they are distinguished by the numbering 1, 2, 3, &c. The verso side of an item is indicated by the letter v.
3. If it has been necessary to reduce or enlarge the size of an illustration, the dimensions are indicated. If the size of an illustration exceeds the size of the book, a folding sheet is used.
4. If the document is a scroll, a folded sutra, or has a stitched binding, a picture of the whole object is provided to show its external appearance.
5. The cover, front, and back of each document are reproduced in sequence. The back of a document is only reproduced if it contains text, illustrations, or other markings, and it is oriented from right to left. If it is blank it is not reproduced.
6. Except in a few special cases, the lines of text are reproduced unbroken to make them coherent and easier to read.
7. An illustration of the complete document is reproduced at the top of each page, and the section where the main illustration appears is highlighted in order to indicate its position. If it has only been possible to reproduce a long scroll in sections, the direction symbol has been used to indicate where one illustration ends and the next one begins. If the end of the scroll occupies less than one page, the direction symbol is used to indicate its position in the illustration of the complete document. If the text on the back of the document has a different orientation from the text on the front, it is reproduced as it is, but is also rotated (indicated with the rotation symbol ) so that it can be read easily.
8. The titles of the documents generally conform with those already established by the Library, but in some cases have been amended by drawing on the most recent scholarly research. The titles are derived firstly from the beginning of the text, then from the end of the text, and lastly from the cover. If the title of a document differs from its authoritative form, the authoritative form is used; and if a document has no title, one is either supplied by comparison with similar documents, or a new one is devised. If the document is not in Chinese, its language is indicated before the title. If the number of juan is different from that of the authoritative version, or if there are other irregularities, this is noted.
9. The documents in the book are in traditional Chinese characters. Where the title contains personal or place names, the original characters used for these names are retained.

(Translated by David Helliwell)

# 第九册目録

BD00111 天地八陽神咒經

BD00111v-1 題記、印章

BD00111v-2 雜寫

368.1cm × 24.7cm

□堂磨城癈廓澤中十方
爾時无量菩薩在大衆中即
前向佛而白佛言世尊此閻
浮提衆生違佛□法无始已來相續不斷
有識者少无知者多長壽者少短命者多
富貴者
少貧賤者多智慧者少愚癡者多溫柔者
少剛強者多念佛者少求神者多正直者少
曲諂者多清慎正濁濫者多致使世俗淺薄
官法荼毒賦役煩重百姓窮苦所求難得
良由信邪倒見獲如是苦唯願世尊爲諸邪
見衆生說其正見之法令得悟解免於衆苦佛言
善哉善哉无量菩薩如大慈悲爲諸邪見
衆生問於如來正見之法不可思議汝等諦聽

善思念之吾當為汝分別演說天地八陽之
經此經過去諸佛已說未來諸佛當說現在
諸佛今說夫天地之間為人最勝最上貴
於一切万物人者真也正也心无虛妄身行正真
左丿為正右乀為真常行真正故名為人是知人能
弘道道以潤身依道依人皆成聖道
佛告无㝵菩薩一切衆生既得人身不能修福
背真向偽造種種惡業命將欲終必沈苦海
受種種罪苦若聞此經信心不逆即得解脫
諸罪之難出於苦海善神加護无諸鄣㝵
延年益壽而无橫夭以信力故獲如斯福
復次无㝵菩薩若有男子女人信邪倒見即
被邪魔外道魑魅魍魎鳥鳴百怪諸惡鬼
競來惱亂興其橫病惡腫惡疰受其痛苦
无有休息皆悉遇善知識為讀八陽經三遍
是諸惡鬼皆悉消滅病即除愈身强力足

无有佈息皆悉[illegible]
是諸惡鬼皆悉消滅病即除愈身强力足
讀經功德獲如斯福若有衆生多於婬欲瞋恚
愚癡慳貪嫉妬若見此經信敬供養即讀三
遍愚癡等惡並皆除滅慈悲喜捨得佛法分
復次无导菩薩若有善男子善女人等興有
爲法先讀此經三遍築墻動土安立家宅南
堂北堂東序西序廚舍客屋門戶井竈碓磑
庫藏六畜蘭圈日遊月殺將軍太歲黃幡豹
尾五土地神青龍白虎朱雀玄武六甲禁諱
十二諸神土尉伏龍一切鬼魅皆悉隱藏遠屏
四方形消影滅不敢爲害甚大吉利獲福无
量善男子興功之後堂舍永安屋宅牢固富
貴吉昌不求自得若遠行從軍仕宦興生甚
得宜利門興人貴百子千孫父慈子孝男
忠女貞兄恭弟順夫妻和睦信義篤親[illegible]
成就若有衆生忽被縣官拘繫盜賊[illegible]

轉讀此經三遍所得[illegible]
人受持讀誦為他書寫八陽經者設入水火不
被焚溺或在山澤一切虎狼屏跡不敢搏噬
善神衛護成无上道
若復有人多於妄語綺語兩舌惡口若能受
持讀誦此經永除四過得四无导辯而成佛
道
復次善男子善女人若父母有罪臨終之日應
墮地獄受无量苦其子即為讀斯經典七遍
父母即離地獄而生天上見佛聞法悟无生
忍而證菩提
佛告无导菩薩毗婆尸佛時有優婆塞優
婆夷心不信邪敬崇佛法書寫此經受持讀
誦所有興作須作即作一无所問以正信故兼
行布施平等供養得无漏身成菩提道號曰
普光如來應正等覺劫名大滿國號无邊一

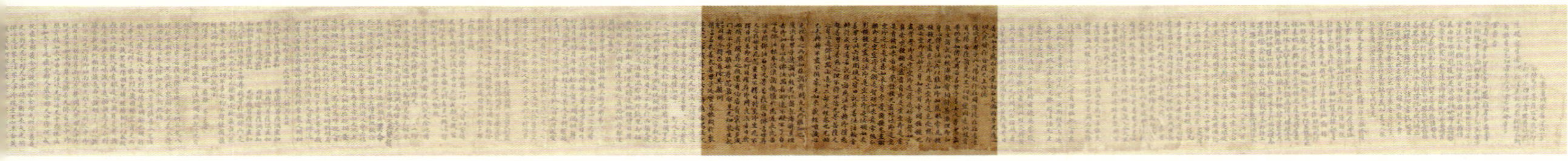

普光如來應正等覺劫名大滿國号无邊一
切人民皆行菩薩无上正法
復次善男子此八陽經行在閻浮提在在處處
有八陽菩薩諸梵天王一切明靈圍遶此經香
華供養如佛无異若善男子善女人等為諸
衆生講說此經深解實相得甚深理即知
身心佛身法心所以能知即知慧眼常見種
種種无盡色色即是空空即是色受想行
識亦空即是妙色身如來耳常聞種種无
盡聲聲即是空空即是聲是妙音聲如來
鼻常嗅種種无盡香香即是空空即是香
是香積如來舌常覺種種无盡味味即是空
空即是味是法喜如來身常覺種種无盡觸
觸即是空空即是觸是智明如來意常想分
別種種无盡法法即是空空即是法明如來
善男子此六根顯現人皆口說其善去去論常

輪得成聖道若說邪語惡法常轉即墮惡
趣善男子善惡之理不得不信无㝵菩薩人
之身心是佛法器亦是十二部大經卷也无始
已來轉轉不盡不損豪毛如來藏經唯識心
見性者之所能知非諸聲聞凡夫所能知也
復次善男子讀誦此經為他講說深解真理
者即知身心是佛法器若醉迷不醒不了自
心是佛法根本流浪諸趣墮於惡道永沉苦
海不聞佛法名字无㝵菩薩復白佛言世尊
人之在世生死為重生不擇日時至即生死不
擇日時至即死何因殯葬即問良辰吉日然
始殯葬殯葬之後還有妨害貧窮者多滅
門者不少唯願世尊為諸邪見无知衆生說
其因緣令得正道除其顛倒
佛言善哉善哉善男子汝實甚能問於衆
生生死之事殯葬之法汝等諦聽當為汝說

BD00111　天地八陽神咒經

佛言善哉善哉善男子汝寶甚能問於衆
生生死之事殯葬之法汝等諦聽當為汝説
智慧之理大道之法夫天地廣太清日月廣長
明時年善善美實无有異善男、人王菩薩
甚大慈悲愍念衆生皆如赤子　為人主作
人父母順於俗民教於俗法造作曆日須下天〻
下令知時節為有平滿成收開除之字執危
破煞之文愚人依字信用无不免於凶禍又使
邪師厭鎮説是道非謾邪神拜餓鬼却招
殃自受苦如斯人輩違天時逆地理背日月
之光明常投闇室違正道之廣路恒尋邪徑
顛倒之甚也
復次善男子生時讀此經三遍兒則易〻
大吉利聰明利智福德具足而无中夭死時
讀此經三遍一无妨害得福无量善男子日日
好日月月好月年年〻年實无間隔旦辦

即須殯葬之日讀此經七遍甚大吉利獲福
无量門榮人貴延年益壽命終之日並得成聖
善男子殯葬之地不問東西南北安隱之處人之
愛樂鬼神愛樂即讀此經三遍便以修營安置
墓田永无災鄣家富人興甚大吉利尒時世尊
欲重宣此義而說偈言
營生善善日　休殯好好時　生死讀誦經　甚得大利益
月月善明月　年年大好年　讀經即殯葬　榮華万代昌
尒時衆中七万七千人聞佛所說心開意解捨
邪歸正得佛法分永斷疑惑皆得阿耨多羅
三藐三菩提
无㝵菩薩復白佛言世尊一切凡夫皆以婚
爲親先問相宜後取吉日然始成親已後富
貴偕老者少貧寒生離死別者多一種信邪
如何而有差別唯願世尊爲決衆疑
佛言善男子汝等諦聽當爲汝說天陰地陽

佛言善男子汝等諦聽當爲汝說天陰地陽
月陰日陽水陰火陽男陰女陽天 一切
草木生焉日月交運四時八節明焉水火相承
一切万物熟焉男女允諧子孫興焉皆是天之
常道自然之理世諦之法善男子愚人无智信
其邪師卜問望吉而不脩善造種種惡業命
終之後復得人身者如指甲上土墮於地獄作
餓鬼畜生者如大地土善男子復得人身正信
脩善者如指甲上土信邪造惡業者如大地土
善男子若結婚親莫問水火相剋胎胞相壓
唯看相命即知福德多少以爲眷屬呼迎之日
讀此經三遍即以成禮此乃善善相因明明相屬
門高人貴子孫興盛聰明利智多才多藝孝敬
相承甚大吉利而无中夭福德具足皆成佛道
時有八菩薩承佛威神得大總持常處人間和
光同塵破邪立正處四生處八許其名曰

跋陀和菩薩漏盡和　　羅隣竭菩薩漏盡和
憍日兜菩薩漏盡和　　須弥深菩薩漏盡和
那羅達菩薩漏盡和　　因坻達菩薩漏盡和
和輪調菩薩漏盡和　　无緣觀菩薩漏盡和
是八菩薩俱白佛言世尊我等於諸佛所受
得陁羅尼神呪而今說之擁護受持讀誦八陽
經者永无恐怖使一切不善之物不得侵損讀
經法師即於佛前而說呪曰
阿佉尼　尼佉尼　阿比羅　曼隸　曼多隸
世尊若有不善者欲來惱法師聞我說此呪頭
破作七分如阿梨樹枝
是時无邊身菩薩白佛言世尊云何名為八
陽經唯願世尊為諸聽衆解說其義令得
醒悟速達心本入佛知見永斷疑悔
佛言善哉善哉善男子汝等諦聽吾今為汝
解說八陽之經八者分別也陽者明解也明解

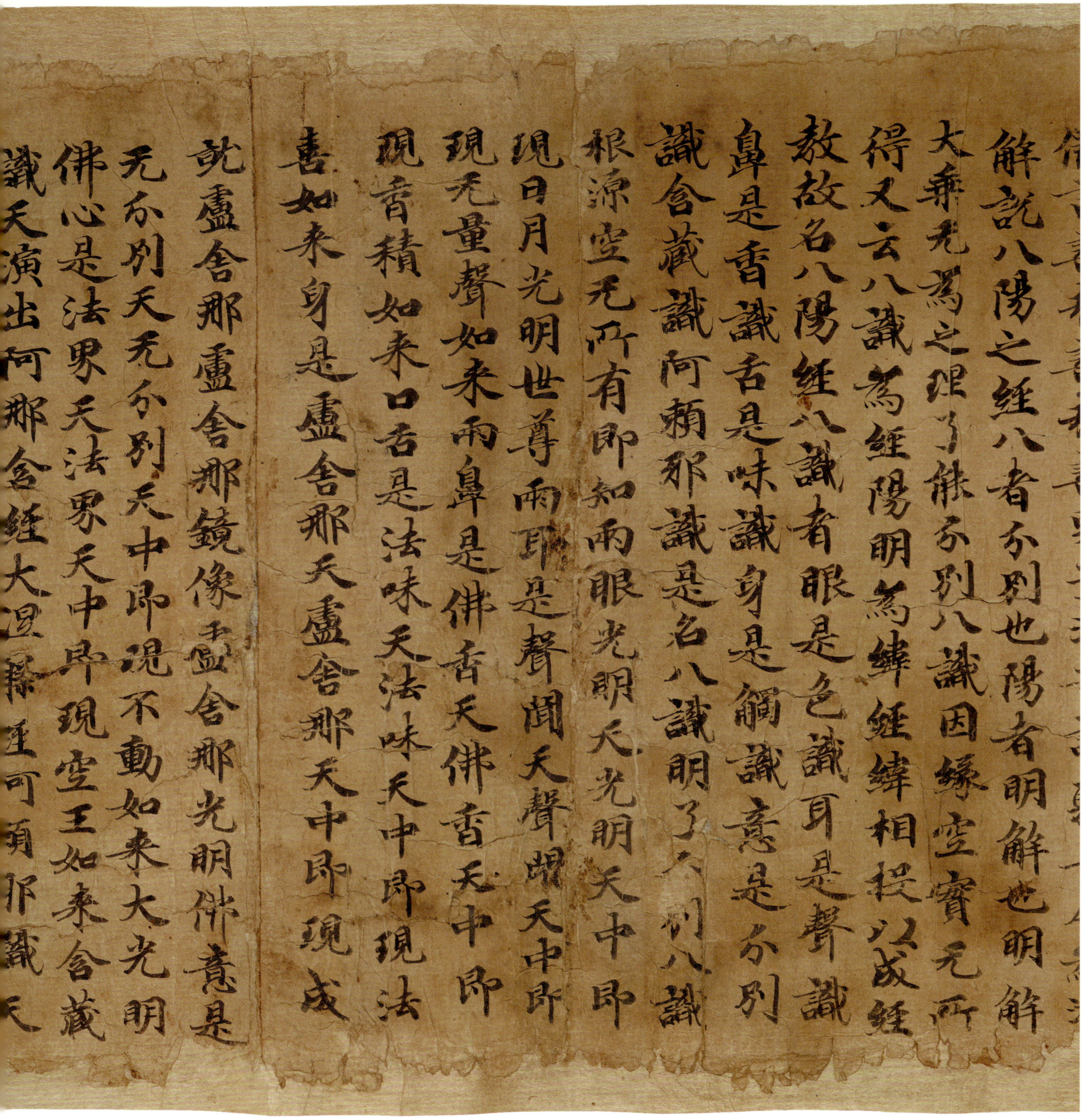

解説八陽之經八者分別也陽者明解也明解
大乘无爲之理了能分別八識因緣空實无所
得又云八識爲經陽明爲緯經緯相投以成經
教故名八陽經八識者眼是色識耳是聲識
鼻是香識舌是味識身是觸識意是分別
識含藏識阿頼耶識是名八識明了分別八識
根源空无所有即知兩眼光明天光明天中即
現日月光明世尊兩耳是聲聞天聲聞天中即
現无量聲如來兩鼻是佛香天佛香天中即
現香積如來口舌是法味天法味天中即現法
喜如來身是盧舍那天盧舍那天中即現成
就盧舍那盧舍那鏡像盧舍那光明佛意是
无分別天无分別天中即現不動如來大光明
佛心是法界天法界天中即現空王如來含藏
識天演出阿那含經大涅槃經阿頼耶識天

演出大智度論經瑜伽論經善男子佛即是
法法即是佛合為一相即現大通智勝如來
佛說此經時一切大地六種震動光照天地无
有邊際浩浩蕩蕩而无所名一切幽冥皆悉明
朗一切地獄並皆消滅一切罪人俱得離苦皆
發无上菩提心
尒時衆中八万八千菩薩一時成佛号曰虛空
藏如來應正等覺劫名同滿國号无邊一切
人民无有彼此並證无諍三昧六万六千比丘比
丘尼優婆塞優婆夷得大總持入不二法門无
量天龍夜叉乾闥婆阿脩羅迦樓羅緊那羅
摩睺羅伽人非人等得法眼淨行菩薩道
復次善男子若復有人得官登位之日及新入
宅之日即讀此經三遍甚大吉利獲福无量善
男子若讀此經一遍者如讀一切經一遍能寫一
卷者如寫一切經一部其功德不可稱不可量

一卷者如寫一切經一部其功德不可稱不可量
无有邊際如斯人等即成聖道
復次无邊身菩薩摩訶薩若有衆生不信正
法常生邪見忽聞此經即生誹謗言非佛說
是人現世得白癩病惡瘡膿血遍體交流腥
臊臭穢人皆憎嫉命終之日即墮阿鼻无間
地獄上火徹下下火徹上鐵叉遍身穿穴五藏
洋銅灌口筋骨爛壞一日一夜万死万生受大苦
痛无有休息謗斯經故獲罪如是佛爲罪人
而說偈言　生則
身是自然身　五體自然體　長乃自然長　老乃自然老
生則自然生　死則自然死　求長不得長　求短不能短
苦樂汝自當　邪正由汝已　欲作有爲功　讀經莫問師
千千万万代　得道轉法輪
佛說此經已一切聽衆得未曾有心明意淨歡
喜踊躍皆見諸相非相入佛知見悟佛知見

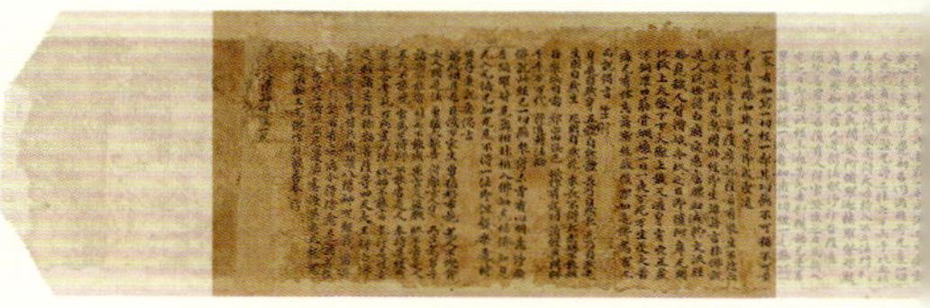

无入无悟无知无見不得一法即涅槃樂是時
世尊重說要偈言
端政相具足　巨億万家生　勇猛好布施　為人不慳貪
女人聞是法　勇猛大歡喜　得離女人身　所生為男子
諸兵不能害　白刃不能疾　縣官及盜賊　終不害是人
五兵不能燒　官屬及將師　不能害是人　奉持是經典
恭敬合掌礼　百惡盡以除　終始不能言　奉行是經者
是時諸菩薩弥勒菩薩等四天大王白佛
言我等當輩皆共擁護八陽神呪經我當濟
[illegible]說若有疾病令得除愈是諸菩薩
佛比丘僧比丘尼優婆塞優婆夷天龍鬼
神阿須輪王為佛作礼歡喜奉行
佛說八陽神呪王一卷

BD00111　天地八陽神呪經

BD00111　天地八陽神咒經

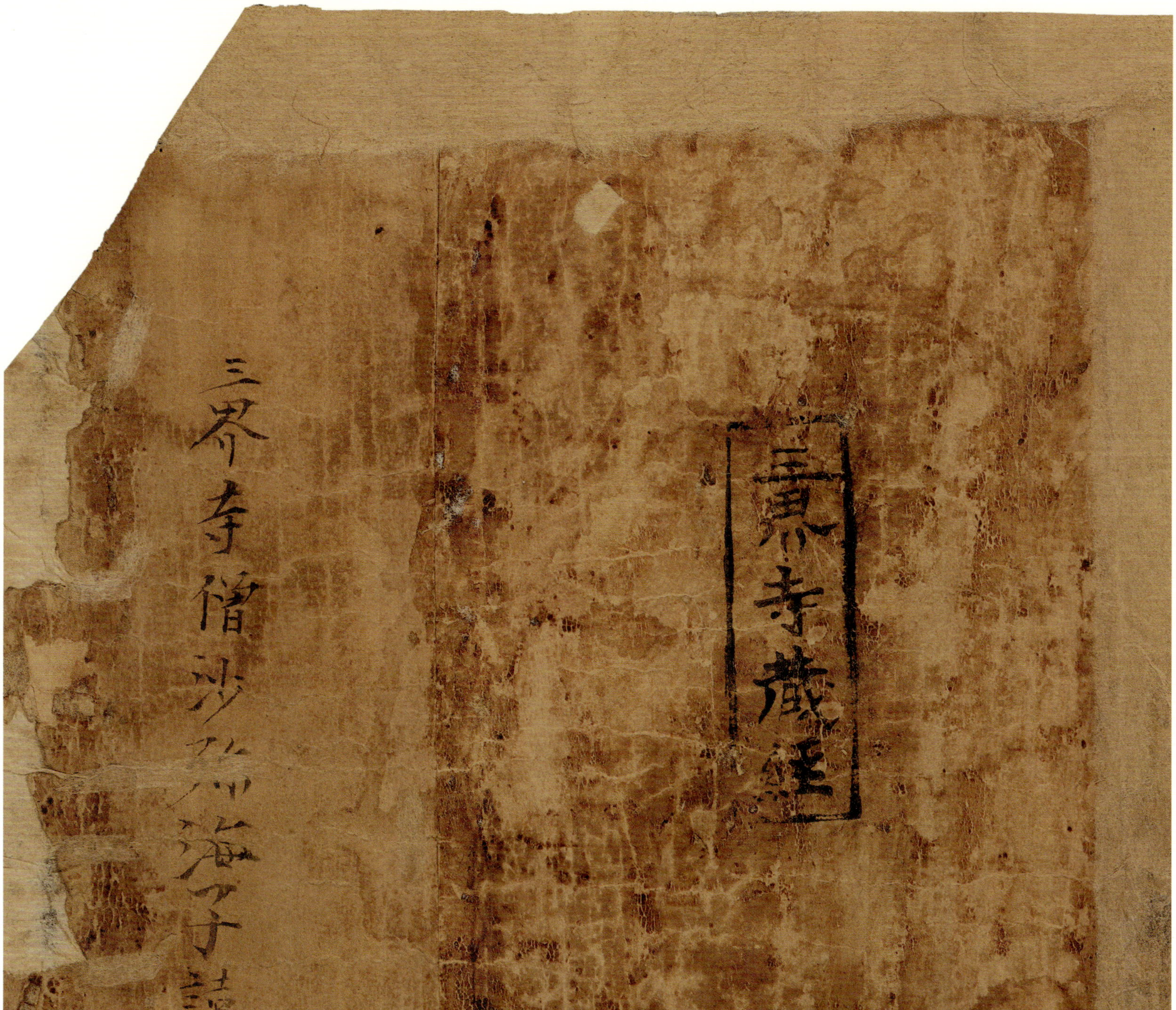


BD00111v-1　題記、印章

BD00111v-2　雜寫

# BD00112 妙法蓮華經玄贊卷四

（唐）窺基 撰

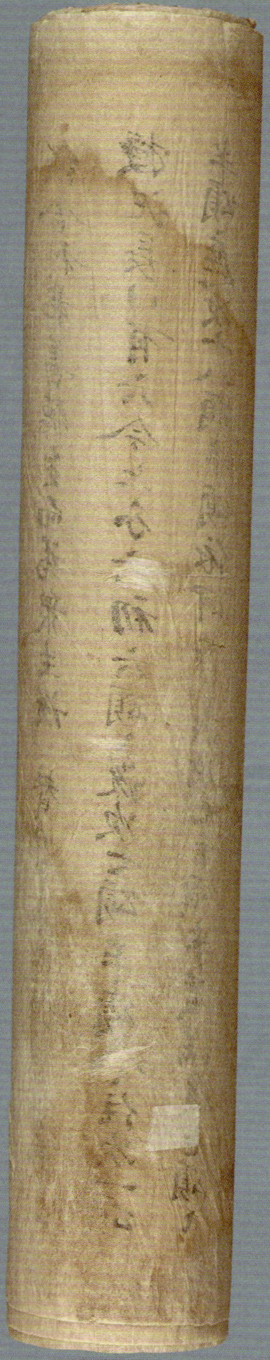

1344.6cm × 28.2cm

世宿造遺法業法障在身不堪聞以
經舍利弗善聽當而為衆生說　贊曰下第二段一百一[illegible]
授記長行有六今々分六初六頌々說次七頌半頌今々住次一頌
半頌遮次十八頌半頌依何等義次七十頌半頌法後七頌々
未聞今々聞於六不同中前後不同故頌曰　六說七半住
次一頌半遮　十八半何等　七十半七二　初六頌說中分二初四
頌半頌所以者何下釋文後一頌半頌前標中隨宜所說意趣
難解初中復三一頌々无數方便二頌々種々因緣譬喻言詞
即譬喻因緣念觀方便也一頌半頌演說諸法此初也前長行中
標云諸仏隨宜所說釋中我以无數方便今此頌釋云諸仏所得
法无量方便力者前後影彰他自在手顯之不相違
經衆生心所念至今々一切歡喜　贊曰頌種々因緣等心所念行

道遍趣〻也諸欲者種〻勝解也諸性者種〻界也先世善惡
業者處非處及自業也說仏有五智力種〻念觀也能知衆生
此〻五種故以因緣譬喻言詞方便說法皆令歡喜釋前種
〻言詞所由　經去說脩多羅至優婆提舍經　贊曰頌演
說法依諸處說十二部經次第一契經〻云脩多羅二應頌
經云祇夜三記別此中无四諷誦經云伽他五自說此中无
六緣起經云因緣七譬喻八本事九本生三名同此十方廣
此中无十一希法經云未曾有十二論議經〻云優婆提舍經
於此義中以三門分別一弁相二釋名三差別弁相者契經有
二相一通二別卄卄經云從如是我聞乃至歡喜奉行如是一切名脩
多羅攝十二盡名通相也以教貫理及攝生故對法論云謂以長
〻綴緝略說所應說義名為契此唯長行名為別相偈頌便非
別契經攝應頌有二相一為益後來二顯前未了義對法等

别契经攝應頌有二相一為益後来二顯前未了義對法等
云謂諸经中或中或後以頌重頌前長行義名益後来又云
不了義经應更頌釋長行雖説義未了故名顯前未了
義卅卅唯説初之一義記别有三相一記弟子死生因果二分
明記别深密之義三記卅卅當成仏事對法等云謂於是
處聖弟子等謝往遁去記别德失生處差别此記弟子
死生因果又云又了義经説名記别開示深密義故即
此第二記深密義故此本論云授記有四因取与記等卅卅
经云如来為諸大人授記汝阿逸多未来有王名曰穰佉當
於是世而得成仏名曰弥勒是記别經此即弟三記當成仏
諷誦相者顯揚等云謂諸经中非長行直説然以句结成或
以二句三四五六句等説名為諷誦自説相者瑜伽等云謂於
是中不顯請者為令當来正法久住正教久住不請而説並

名自說緣起有三相一因請而說二因犯制戒三因事說法對法
論云因緣者謂因請而說又有因有緣制立學處即初二義
名為緣起卅卅經言如諸經偈所因根本如舍衛國有一丈夫羅
網捕鳥得已還放世尊知其本末因緣而說偈言
莫輕小罪　以為无殃　水渧雖微　漸盈大器　是名緣起
即是第三因事說法譬喻相者瑜伽云謂諸經律所有譬喻
而說法本事相者瑜伽論云謂諸仏本生宣說前際若人若
法諸有事卅卅經中唯說往法如我生世所可說法名曰界經鈎樓
秦仏名甘露鼓拘那含牟尼仏名曰法鏡迦葉仏時名分別空
不說往人據實通也本生相者顯揚論云謂於是中宣說世尊
在過去世彼彼方所若死若生行卄行行難行行是名本生說仏
為卄卄若身若行皆本生攝卅卅經中唯說卄卄往身不說卄卄往
行作鹿作熊作麞作兔乃至廣說作金翅鳥等方廣有二相

〃作鹿作熊作麞作兔乃至廣說作金翅鳥等方廣有二相
一說廿廿道二法廣多極高大故時長遠故此通聲聞亦有方廣
今取卅卅具二為正希法相者謂諸經中宣說諸仏及聖弟子八
衆所有共不共德及餘最勝殊特驚異之法是為希法卅卅經中
唯說仏事如仏初生即〃七步放光大明遍照十方弥猴獻蜜白狗
聽法魔變為青牛〃凡鉢間令相衆觸无所傷損但說弟子及非
弟子希有之事皆名希法論議有二相一仏自說二弟子說瑜
伽論云謂諸經典循環研覈摩呾理迦一切了義經皆名摩呾
理迦謂於是處世尊自廣分別法相又聖弟子已見諦跡依自
所證无倒分別諸法體性此亦名為摩呾理迦亦名阿毗達
磨今此且引攝義同文其餘備教恐繁不引釋名者先釋
總名先德翻為十二部經部含二義一部袠二部類此是部類

十二義類有差別故古人異云十二部衆經由此道士說卅六部
老莊之徒各為一部今言十二分教分謂分段文義差別有十二
分段故又云經者乃濫契經今翻為教十二通稱更无所濫帶
教釋世釋別名者總為三類應頌諷誦自說緣起希法方廣
此之六名唯依主釋應重述頌乃至方理之廣故論議一種唯持
業釋論體即議故或諷誦亦持業釋可諷可誦故不同應頌彼頌
是教此頌是言故契經記別譬喻本事本生此之五名通持業依主
兩釋能契即經契理之經乃至本體即生本世之生故差別者一體差別
二教差別體別者應頌之中定无諷々誦々之中定无應頌初後別
故單重別者故本事之中定无本々生々之中定无本事師資別
故此之四部唯具十二所餘八部皆具十二隨其所應有前所說
差別相故卅卅經云始從如是終至奉行皆脩多羅故通十二
別相即无唯取長行為契經故二偈便非自餘七教皆具十

差別相故卅卅經云始從如是終至奉行皆脩多羅故通十二
別相即无唯取長行爲契經故二偈便非自餘七教皆具十
二唯此可知其應頌中具十二者譬喻品云舍利弗來世成仏
普智尊号名日花光當度无量衆即有記別之應頌也
應頌之中亦有自說方便品云世雄不可量諸天及世人一切
衆生類无能知仏者即是自說之應頌也應頌之中亦有緣
起方便品云舍利弗善聽諸仏所得法无量方便力而爲衆
生說即是因緣之應頌也因鶖子請而說法故應頌之中亦
有譬喻譬如長者有一大宅其宅久故而復頓弊等即是
譬喻之應頌也應頌之中亦有本事序品中云彼仏滅度後懈
怠者汝是妙光法師者今即我身是即是事之應頌也應
頌之中亦有本生常不輕品云彼時不輕即我身是即本生
之應頌也應頌之中亦有方廣方便品云十方仏土中唯有

一乘法无二亦无三除仏方便說即是方廣之應頌也應頌
之中亦有希法化城品云大通智勝仏十劫坐道場仏法不現
前不得成仏道即是希法之應頌也應頌之中亦有論議壽
量品云衆生既信伏質直意柔耎一心欲見仏不自惜身命
時我及衆僧俱出靈鷲山我時語衆生常在此不滅以方便
力故現有滅不滅此即論議之應頌也自餘三教皆具十唯此
應知然此經中具十二分一部皆是契經通相重宣此義處
並是應頌請為授記解深密義處皆是記別化城品中東
方梵天以偈頌言世尊甚希有難可得值遇具无量功德能
救護一切等皆是諷誦方便品初即是自說故前偈云无問而
自說稱讚可以道鶖子三請弥勒三請等所說權實處皆
是緣起譬喻品等皆是譬喻說諸弟子過去事處皆是
本事自說仏身過去事處皆是本生說一乘處皆是方廣

本事自説仏身過去事處皆是本生説一乘處皆是方廣
説現神通處皆是希法壽量品中仏自往復説三身相可名
論儀教差别者一大全小九即此經文小乘唯无授記自説方廣
三種不遮大乘有十二分二小全大九卅卅第三云灌大乘者受持九
部彼除因緣譬喻論議不遮小乘有十二分三大全小十瑜伽卅八
云方廣一分唯廿廿藏所餘諸分有聲聞藏四大一小十瑜伽八
十五云除方廣分餘名聲聞乘相應契經伽故比又大全小九依
授弟子得成仏記名為記别説聲聞无彼先未求大廿提故譬
如以寶示其愚々人々便嘆聲聞々記々復如是故説為无非記
别弟子謝往死生之事之无又聲聞乘多皆賊法若不待請
而即為説憍惕便生言无自説其實之有又聲聞人但證小果
不得正覺理非至極り不莚弘説无方廣其實之有正法廣

其實亦有正法廣陳之方廣也故此頌中唯爲聲聞說於九
部理通十二卅卅經中小全大九者因犯制戒說爲因緣廿廿无犯
故略云无非无因請因事說法之緣起也夫說譬況開中下
根至如鶖子利品尚多不待喻況諸廿廿多分而待故說爲无
理亦有也又大廿廿性皆利根舉宗便解不假徵結方生慧心
說无論議理實非无又讚法者多誦素怛纜藏緣起譬
喻多調伏藏論議多是對法藏攝故言大唯九理非无十二
瑜伽卅八大全小十二者小者小乘亦記弟子謝往及不待請仏
悲深故具有記別及自記等故有十二无方廣者不求正覺說理
麁淺名之爲无實亦有也瑜伽八十五文与前无別然以十二說爲
聞對之方廣說爲廿廿非廿廿藏餘无十二皆是隨於一別之
義說數不同理實聲聞廿廿二藏皆具十二今隨所要且略說分
別自餘廣義如別章應知
經鈍根樂小法至爲是說卅卅

別自餘廣義如別章應知　經鈍根樂小法至為是說卅卅
贊曰此一頌半頌前標中隨宜所說意趣難解由五義一鈍
根難悟二樂小怖大三耽生死不希生世四逆緣不備五現
衆苦迫由此為說卅卅以鈍根故着於生死雖逢諸仏法日已
化不行大乘深妙之道由小惡故退還受苦由勸離苦故初
為說二乘卅卅故信解品家初逢仏退流生死後化三乘正
与此同　經我設是方便至當得成仏道　贊曰下第
二段有七頌半頌第四令住中分四一頌標一頌釋四頌半會一頌勸
住此初也初設二權為令究竟入於仏慧住一乘故
經所以未曾說至決定說大乘　贊曰此釋前標會於
已前然根未熟一未悟大乘不堪為說然今根熟正是其時
故為說也同化城品云諸比丘若如來自知卅卅時到衆又
清淨信解堅固了達空法深入禪定便集諸卅卅又聲聞

衆為說是經世間无有二乘而得滅度唯一仏乘得滅度耳
經我此九部法至以故說是經　賛曰下四頌半會中分
三一頌顯小法非真說為大本一頌半顯大法勝妙為勝人
說二頌結成勝妙人法勸捨非妙人法此初也隨順初機
說此九部為入大本非究竟也故應住大　經有仏子心淨
至說是大乘經　賛曰顯大法勝妙為勝人說勸捨方
法勿成惡人頓悟漸悟一切菩薩皆名仏子此有五德一心淨專
求大乘仏之智惠非樂下劣除二障故二柔耎下心耐勞倦堪
能作大業精勤不息故三利根性多拔苦樂与他樂一切均
平聞法速入四无量諸仏所久遇良緣恒自磨瑩五所行
深妙道齊脩福惠寶規真覺發菩提心經說具十種法堪
發菩提心一規近善友二供養諸仏三脩集善根四志求勝法
五心常柔和六遭苦能忍七慈悲淳厚八深心平等九愛樂

五心常柔和六遣苦能忍七慈悲淳厚八深心平等九愛樂
大乘十求仏智惠皆此五攝心淨攝二句愛樂大乘求仏智惠
柔耎攝二句心常柔和遣苦能忍利根攝二句慈悲淳厚深心
平等无量仏所攝二句親近善友供養諸仏深行妙道深妙
道攝二句脩集善根志求勝法有具此五德成十法之子方為説
大乘令其发趣　経我記如是人至故為説大乘　賛曰結成
勝妙二勸捨非妙二記五德之人来世成仏以深心念仏持淨戒
故念仏有二語念二心念玄心緣事仏願救布成智理身求證
滅障定惠既尔又持淨戒三等既成故為之説此等聞得仏順心
故歡喜仏既知心故為説大　経聲聞若廿廿至成仏无疑
賛曰此勸任也讃法聞益勸任大乘　経十方仏土中至引導於
衆生　賛曰此第三段一頌半頌第六遮无二者无第二獨覺乘
无三者无第三聲聞乘從勝向劣仏乘為初此據身徃无二極乘除

方〻便〻說〻中可有三故以假三名引導生故用假羊鹿之名引生出於火
宅非有實二以度衆生此說二乘涅槃菩提俱无實體並稱假名無涅
槃可證而縛除種智不成以无覺故化城入之以息苦羊鹿有之而不登
問三事稱大般但得解脫言入城三空智名牛但得生智登羊鹿
答解脫諸苦息方名入假城種智二乘无故不上羊鹿又解脫三
乘同息苦彼立分得与入名真智種類獨（仏圓）雖立分得不名上理
實无別又惑障因果彼皆除解脫化城稱暫入智障因果彼不
滅二車種智不言登　經說仏智惠故至濟度於衆生
贊曰下第四段有十六頌半頌第三依何等義中有二一頌半頌
標一大事十七頌〻開示悟入此初也仏〻智惠如前所說合有五
種今此多說仏果二法菩提涅槃智性惠用合名智惠妙唯真智
最真如仏出世者為顯此一令生欣趣唯此一實究竟極果
勝妙无上餘之二乘體非真極究竟勝妙故經下文言前五度

勝妙无上餘之二乘體非真極究竟勝妙故經下文言前五度
校量此經不説般若故終不以小乘濟生去此事多說智性菩薩
經中師子吼說仏性即空即智惠由此智性之名智惠今此多
取初解為示二乘无故既言餘二則非真故知不是破三會三
以歸於一　經仏自在大乘至以此度衆生　賛曰下十七頌〻
開示悟入中分四一頌開五頌悟一頌入十頌示也此初也大乘合取真理
正智假者仏身恒安處此菩薩菩提名住〻即依止安處〻義所淨唯
是法身真理去大乘者唯取真理正智證會名之為住以此法
身万德具足真德性故〻仏報身如其可證法身真理還以无量
定惠莊嚴〻即福也惠即智也攝持一切有為德盡〻實真理
菩薩已滿真智遂生具福惠嚴菩提復滿自既圓故以二法關於
衆生名之為〻度顯二種性是无上故令生欣樂　經自證无上道
至此事為不可　賛曰下有五頌〻悟中有三一頌半顯尋等

二頌半顯勝德一頌令悟此初也无上道者正智勝故无上大乘
者真理一无上言貫通二處二皆平等无能所取无有自他物
我異故仏既證此平等理智何有自他物我二别内智若不平
等自取大乘於智不等令他取小則墮慳法貪求利養既
未盡何名證得正覺大乘廣運一切此為不可　經若人信歸
仏至而獨无所畏　賛曰下二頌半顯勝德有三初一頌半顯内
離染无所畏德後一頌顯外莊嚴説實法德此初也若人信歸仏
初發心也歸仏者後脩正行如來不為欺淩輕賤而不授大純化
以小乏不誑返初許与大後不与之所以者何以仏亦无貪惜大乘
誑而不与乏无嫉妬畏彼證大而欺網之由斷一切法中惡故惡
者煩惱業苦生死惡法已永斷故既无如上所説諸事正智圓滿
故於十方都无所畏作師子吼我是一切知者見者平等化者若
有上事惡既未盡智果未圓如何於十方能作无畏吼故俗中云父

有上事悪既未盡智果未圓如何於十方能作无畏吼故俗中云父聞子健根不然身自外何憂故无貪疾　經我以相莊嚴至為說實相印　賛曰顯外莊嚴說實法諸德形骸相好端嚴其身々光智光復能朗照器及衆生二種世間由此衆人皆尊敬我名世間解若同有染外无比相外既比相明内无染故我今者說實々相々印々者謂即二空大乘之理以此理印々大教故大教決定勝實非權如小乘中說三法印々空教法　經舍利弗當知至如我等无異　賛曰此一頌令悟汝應如我悟先所不知大乘真智我昔立願令一切衆生与我无異願令悟故願以信欲勝解為性　經如我昔所願至皆令入仏道　賛曰此一頌令入令者果滿遂昔願心故化衆生入於仏道々者因義令入八地去初地上不退轉位仏々因故　經若我遇衆生至迷去不信受　賛曰下有十頌々示有二初八頌示初不同後二頌示後還同初中復三一頌示不同意六頌示不同相一頌結不同其初也若教衆生盡以大乘智者可尔

无智愚人錯孛乱行心迷不信疑惑誹謗便返增惡不能歡愛大
如覆杯水於物擔致杯即膠故由此返增愚人々各故不純以大乘
教化　經我知此衆生至癡愛生惱　賛曰下有六頌示不同
相中分二初一頌標无善有惡故不同後五頌釋有始雖起多分闇
方唯生得善无々漏因由著五境堅執不捨以此為緣癡便發
業愛便潤生故諸生死生老死支一切苦惱極苦增長[illegible]一生世方便
善本有癡愛二以為其因著五欲境不肯捨故發業无明多由
迷内發聞生貪愛多緣五欲生今々　樓欲界无明發
業通言著欲說至處故　經以諸欲因緣至世々常增長
賛曰下五頌釋有惡无善故不同中有二初四頌有惡故不同後一頌
无善故不同初中復二初一頌半由愛俗塵五欲況故不同後二頌
半求耶生雜錯行乱孛故不同此初也由諸欲故純起不善業墜
墮惡趣由雜業故輪迴六趣備受諸苦四生々長皆有業故三苦
八苦五苦逼迫故偏指一生現苦為論故言受胎之微形世々常增長

八苦五苦迫故徧指一生現苦爲論故言受胎之微形世々常增長
微者劣也胎謂胎藏不淨纏裹可猒可惡微劣生故瑜伽論說
初受生者本居中々有々極長七日命終極多不過七々日住造惡
業者中有如黑羺光或陰暗夜造善業者如白衣光或晴明
夜隨當生相而往無㝵見已同類及當生處造惡業者眼視
不淨伏面而行往天趣者上往人趣者傍若造不律儀生地獄
中見苦同類喜樂馳趣遂被拘㝵純苦鬼界亦尒若餘雜業
隨業善惡何受生長於其父母隨男隨女生憂喜心潤當生攬父母
之遺體迷醉之時便被拘㝵一七日內名羯刺藍此云雜穢父母不
淨共和名雜穢可猒可惡名穢々若已結凝箭內稀故二七日內名頞部
曇此云皰猶如蔓豆瘡皰之形表裏如酪未至肉故三七日內名閉
尸此云凝結猶如就血猶凝結故西域呼就血云閉尸若已成肉仍極柔
耎四七日內名健南此云凝厚漸凝厚故若以堅厚稍堪摩觸
五七日內名鉢羅賒佉此云形位猶如泥團五人相連有四支內

風向外擊生根形差別相故即前皮轉增長支分相現六七日內名
髮毛爪位髮毛生故七七日內名具根位五根圓滿明盛顯故至此初
後方鈞三月種種成就若不增減如是合經卅八七日在腹圓滿更經
四七日頭趣向下雙足向上胎衣遂裂逼產門種種衆苦于時
迫迮者由先業母食灰鹽子髮毛稀尠或由先業母食燥熱
子黑黯色或赤色生者由先業母食飡食或近寒室子多
頑白母習婬欲子多疥癩癬病等生母多跳躑威儀不穩子
子支缺減了戾不安男居右脇倚腹向脊女居左脇倚脊向
腹隨於父母生愛染故初既攬父母不淨以為身後以母之不淨資
長現緣既爾故業不善百惡所感卅六物不淨為體如是惡身
不可愛樂輪轉不窮名世增長　經薄德少福人至諂曲心不實
贊曰此二頌半求邪生離錯行亂等故不同初一頌半明起身邊
邪見成六十二見後之一頌因起見戒取所餘惑生等初一頌惣明起五
見後一頌半別明起五見彼諸衆生无始已來薄智德少福故為苦

取見即六十二見[illegible]

見後一頌半别明起五見彼諸衆生无始已来薄智德少福故爲昔

所迫雖祈生要不悟耶正錯入外道不正見中錯行錯〻季名爲

耶見五見皆耶見此依後釋非要撥无方名耶〻見〻煩惱拘㝵

衆生雖可生離不能解脱名爲稠林此爲揔見後方别顯若有

若无等者此有二解依後釋者一云五見〻中四見爲有皆執有故

耶見爲无多撥无故等言顯示種〻煩雜若依初釋耶見稠林者

撥无耶見若有者執我後身爲有常見也若无者執我後身爲

无斷見也此二爲邊見等取身見〻取戒取由六十二見以耶見邊見

二爲自體故别舉之以餘二見而爲眷屬依於身以見爲根本

如六十二見章廣述云何六十二見頌曰　二四八十劫

見生死遍常　梵餘大種心　戲憤恚一分　有色无邊等

各　生死想地　一種小无量　純樂等有想　即有色邊等

生无想俱非　人欲天色界　四无色斷滅　送无想天没

尋伺計无因　憶上下傍俱　懷劫有邊等　怖无知行詭
懷怖顛惰乱　人欲天欲樂　四静慮卌卌　此諸見中幾
前際過去攝幾後際未来攝幾現在通二際中攝
遍一分无因　邊惰乱前際　所餘卌四　皆後際見攝　此六十二
经論俱言耶見邊見二見所攝誰幾見攝　遍一分各四
想有戍十六　无俱非各八　七断皆邊見　即彼无因
邊惰乱各四　五現卌卌論　皆耶見所攝　由執神我起我
見已便起如是六十二見復起見取執見等法為勝為因又起戒
取執戒等法為因為勝着此妄法曽不肯捨我慢自恃矜許
自高而陵蔑他乎於所師謟曲相讃矯求名利心何曽實以具
如是執欲着耶故不堪任即化大法　经於千万億劫至如是人
難度　賛曰此一頌无善故不同善人皆脩四親近行一親近善友二
德聞正法三如理思惟四如説脩行此等惡人千万億劫不聞仏

德聞正法三如理思惟四如說脩行此等惡人千万億劫不聞仏
名何得親近一切善友既不見仏之不聞法既无聞惠入法初因思
惟脩習理不可得故如是人甚為難度如何初首即教大乘
經是故以方便至示之以卅卅　賛曰此結不同由如此故為設方
便初示卅卅且令告息　經我雖說卅卅至開示三乘法
賛曰上顯初不同此二頌示今同勸捨解脫身取仏法身所說二
乘卅卅猶如化城是非真滅法從无始性常寂故即是自性清淨
卅卅性離言法非今新有如寶所者乃是真滅滅既尓故行道
已來世證此法本性滅得成仏道我本智惠所用方便初開二
權後示一實總名開示三乘之法　經一切諸世尊至唯一无二乘
賛曰下第五段七十頌半頌第五依法有三一頌半頌十方仏法次
卅八頌半頌三世仏法後卅頌半頌我之如是此初也既至唯一无二乘之
何破三歸一　經過去无數劫至其數不可量　賛曰下卅八頌
半頌三世中分三初廿七頌半頌過去次六頌半頌未來後四頌半

頌現在初中有二初四頌半頌仏說法初權後實後廿三頌〻衆
生聞法皆究竟得一切種智初中有四一頌仏多一頌聞權一頌顯
實一頌半釋開權顯實之意此初也　經如是諸世尊至演
說諸法相　贊曰明初開權也　經是諸世尊等至令入於
仏道　贊曰明後顯實　經有諸大聖主至助顯第一義
贊曰釋開權顯實〻之意知諸衆生未能頓孛一乘教故識
其根欲故初以權方便助顯一乘後令入實又廿廿根性有二一不定
二定性為不定性初權後實顯暢一乘前二頌是為定性
者說頓教一乘此文是也謂知衆生心性頓欲故以異方便不從
權取實顯助一〻乘〻者第一義諦真如等是初三後一是權實
之方便說一乘故名異方便　經若有衆生類至皆以成仏道
贊曰下廿三頌〻衆生聞法究竟皆得一切種智為三初二頌仏
在次廿頌滅後〻一頌結此初也逢仏聞法脩行六度四攝无量等

BD00112　妙法蓮華經玄贊卷四

贊曰下廿三頌〻眾生聞法究竟皆得一切種智為三初二頌仏
在次廿頌滅後〻一頌结此初也逢仏聞法脩行六度四攝无量等
名種〻福德脩仏之因廿廿り故皆已成道　經諸仏滅度已
至皆已成仏道　贊曰下廿頌〻仏滅後分五一頌慈心四頌半造
塔六頌半造像七頌供養一頌稱仏此初也有善㣲弱非廿廿心柔
渜而非善乏非廿廿心要善而渜方廿廿心順理益物極柔和故已
成仏道植仏因故後文且據仏滅〻行後雖作故是别り故非是
仏在作此諸行而非仏因在已脩故唯上六度仏滅後り是総り故
乏成仏道　經諸仏滅度後至起枝於諸塔　贊曰下四頌半造
塔成仏分二初四頌明造塔後半頌结文有三初二頌造塔数多八㭪
嚴瑩次一頌九物為塔後一頌下至戲笑為物為塔此初也仏地論數
七寶无玫瑰琉璃与珠别珠謂赤真珠今此若以琉璃為珠即為
七寶不尓故以琉璃与珠别故頗梨多白红色車璩青白間色

馬瑙有多色或純白或純青黃或衆色間玟瑰赤色說文火齊
珠一曰石之美好曰玟圓好曰瑰餘者可知增一阿含經中仏告諸比丘我今
當說四梵之福一者有信心善男子等未曾起塔處能起於塔
二補持故寺三和合聖衆四仏初成道諸天人等請轉法輪是名
四梵之福比丘白仏梵福多少仏言四天下及六欲天所有福德
猶不如一梵王之福故勸造塔當得菩提　經或有起石廟至
塼瓦泥土等　贊曰此一頌九物為塔石廟者石仏堂古云支提
今云制多翻為靈廟廟應作廟字廟者貌也玉篇云先祖尊貌所
在故謂之廟木樒者字林香木切韻作櫁玉篇作樒其樹似槐
而香極大伐之五年始用若取其香皆預斫之乃香出
經若於曠野中至皆已成仏道　贊曰初一頌下至戲咲者物為
塔後半頌結之論云聚沙為仏塔皆已成仏道者謂發菩提心行菩薩
行者所作善根能證菩提非諸凡夫及決定種性聲聞未發菩

行者所作善根能證廿提非諸凡夫及決定種姓聲聞未發廿
提心者之所能得故如是乃至上文及下小位頭等亦如是　·經若人為仏
故至皆已成仏道　贊曰下六頌半明造像中有二初五頌造後一頌半
結初中分四一頌鄢刻二頌十物嚴餙一頌綵畫[一頌戲]作此初也明作仏像非作
餘像故言仏為[為]求作仏為恩敬仏故名為仏為設為仏而作諸象為
莊嚴仏故名為仏造像功德經說造像得十一種果一世之所生眼目
淨潔面目端政二生處无惡三常生貴家四身體殊好紫磨金色五
常豊珎翫六生賢善家七後生為王之中寅勝八金輪化王九後生梵
天壽命一劫十不墮惡道十一後生之中還重三寶喜持妙物復
造功德多四天下大海十倍　·經或以七寶成至皆已成仏道
贊曰此二頌十物嚴餙作像功韻鉱即錫也又云錫銀之閒[鉱]玉篇
青金也　·經綵畫作仏像至皆已成仏道　贊曰此頌畫仏
·經乃至童子戲至而畫作仏像　贊曰此頌戲作　·經如是諸人
等至度脫无量衆　贊曰此結也具足大悲心者凡所作善必

帶悲心方成到彼岸故成仏道　經若人於塔廟至敬心而供養
贊曰下有七頌明供養有二初五頌半明供養後一頌半結成初中有五
一頌四物供養一頌半音樂供養一頌歌唄供養一頌花供養一頌身業
リ供養此物也發廾提心經云若以花施得七寶覺花故以香施得五
分法身香故以幡施得陁羅尼轉衆惡故以蓋施獲四无量覆衆生故
業報差別經說各得十德　經若使人作樂至盡持以供養
贊曰此八音樂供養樂音五覺反以生樂故上盧各反皇帝世伶倫作樂
說文五聲八音之揔名礼記干戚羽毛謂之樂鄭玄八音克諧謂之樂
鼓動也凡生音曰鼓令木有皮動之則鳴角者曲形而似角貝者螺也卌
卌經曰吹貝知時簫管也玉篇編小管所吹笛七孔籥俗名直王篇五
孔竹笛三孔（羌笛）琴禁也君子守正以自禁神農所作箜篌琵琶相可知矣鐃
如鈴而大玉篇小鉦也軍法十長執鐃五人為伍五伍廿五人為兩兩司
馬執鐸銅拔兩扇相擊出聲有作鈸无所從或為跋字發心經
云音樂女色不以施人亂衆生故此供養仏故不相違如金藏中音

云音樂女色不以施人亂衆生故此供養仏故不相違如金藏中音
樂供事　經云以歡喜心至皆已成仏道　賛曰此以歌唄供養
當得大士梵音聲故梵云婆师此云讚欲唄匿訛也陳思王登
魚山聞巖岫有誦經聲清宛遒亮遠谷流響遂擬其聲
而制梵唄故今俗中謂之漁梵寘合西域三契七聲倶取耳等
所作　經若人散亂心至漸見无數仏　賛曰此以花供養此与前
四事中花施何别彼專善心此以散心故不相違略言供養盡像
供養餘像亦得　經云有人礼拜至或復小低頭　賛曰此明
身業以敬供養上歌唄是語業此身業其發心即是意
業自餘皆是外財供養三業以供　經以此供養像至如薪盡
火滅　賛曰結成供養　經若人散亂心至皆已成仏道　賛曰此稱
仏作仏且舉一稱尚得作仏何況多稱如藥王藥上經云我常稱
五十三仏名故今得作仏即其事也　經於諸過去仏至皆已成仏道

賛曰頌衆生聞法得種智中此爲第三聽成仏道　經未來諸世尊
亦方便説法　賛曰下六頌半頌未來法中分二初三頌半標同今
説後三頌重釋前義初中有三一頌標同初方便一頌半標後成説
實一頌釋前所留比物也　經一切諸如来至无一不成仏　賛曰此
頌標後成説實令聞法者皆得作仏及衆生二俱合説　經諸仏本
誓願至亦同得此道　賛曰釋前所留之本願故　經未來世諸仏至
其實爲一乘　賛曰下三頌重釋前義有二初一頌明初方便皆
爲一乘後二頌明悟三性諸法歸趣所以如此之初也　經諸仏兩足
尊至導師方便説　賛曰明悟三性諸法歸趣所以初權後説
一乘真如妙理體性常住仏能證知遍計所執生法二我體性
是无仏證无我理故亦知此无是凡虚妄執仏種從緣起者
无漏依他非仏種子因緣所生從緣所起因脩作故由證真理
断能執心染分依他知所執无證於淨分依他因緣脩仏種者

斷能執心染分依他知所執无證於淨分依他因緣脩佛種者
爲一乘故何者一乘並顯常法即圓成實法住法位者真如住
在諸法〻中體性常有名爲法住法有染淨離染得淨分位
顯〻故名法位相者體性世間本體即是常住真如實性一
乘體也於金剛座道場〻中知此諸法本體性已於无名相法
中導師方便以名相說一切法中略有二種一空二有空无差別總
立一性名遍計執所有法有差別分〻爲三者常二无常〻者名圓
成實性无常法爲依他起性復分爲三有漏二无漏有漏爲依
他起性无漏爲圓成實性今依前门无常爲依〻他〻有漏皆
悉除斷能中但取漏无常淨分依他究竟滿位成菩提故〻言
佛種從緣起也意顯能證常法性真如二无我理故乃能了知
二我爲无依於善友脩習惠從緣起法菩提覺滿爲證一乘真
如妙〻理〻即是法住法位世常住相大般菩薩於道場中既證知

已令為衆生方便說之令欣趣證今此依他即廿攝圓成即
卅卅合成一乘圓成勝故獨名一乘由斷有漏依他起性遣計
所執證此二果由了依他所執性故初說取捨次說般若住有空
教名為方便今三合說故名真實三性之義如別章說
經天人所供養至之說如是法　贊曰下有四頌半頌現在有
三初一頌半摽一頌實開權顯二頌顯意此初也　經知第一寂滅至其
實為一乘　贊曰此初開權後還顯實　經知衆生諸行至隨
應方便說　贊曰此顯初權後實之意衆生諸行者揔句心
行相也下是別句或勝解也心所念者遍趣行也業力者自業
也欲力者謂勝解也性力謂種々界也精進力者謂處非處等
支精進等體即性力以種性體即五根故下一力字貫通上也根利
鈍者根勝劣力也仏有此智力能知之故所以初權後還真實
前未來仏由悟三性此現在仏由知衆生乎相影顯故初方便後

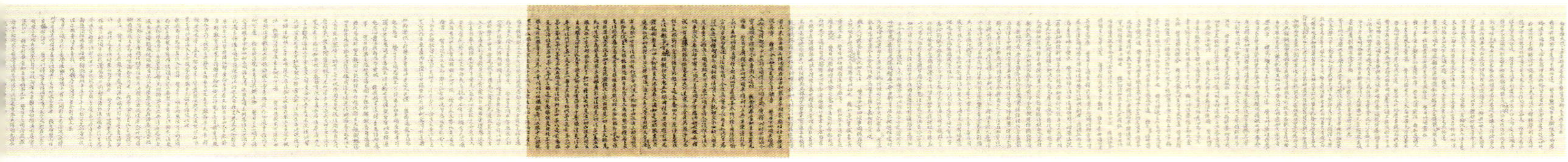

前未來仏由悟三性此現在仏由知衆生手相影顯故初方便後
説真實　經我今亦如是至皆令得歡喜　賛曰下卌頌半頌我
亦如是釋迦同中分二初二頌摽後卅八頌半頌廣釋此初也初頌令
實後頌昔權皆令歡喜漸入道故　經舍利弗當知至貧窮无
福惠　賛曰下廣釋分二初廿一頌半頌初以三乘方便誘引即
長行云知諸衆生有種種欲深心所着隨其本性以種種因緣譬喻
言詞方便而為説法後有七頌頌令説真實即長行云如此皆為
得一仏乘一切種智故即頌初權後實之義就初文分四初三頌半
見生受危難次三頌愍救不可得次十一頌半請念設權方後三
頌半正説三乘化初中有二一頌无善二頌半有惡此初也般若經
説仏有五眼一肉眼非脩定生四大所造或長養或異熟淨色為
性二天眼於定障脩習所起唯是長養四大所造淨色為性
三法眼觀事有惠四惠眼觀理空惠五仏眼因積而果圓攬前四為

體龍樹解云如四大洲至天池通名大洲如是四目説三仁
通爲仏眼初二體色次二體智後一通二又云人等有肉眼天等二乘有天眼
有恵眼廿廿有法眼仏有仏眼由此說五瑜伽十四說有三眼一肉能照
顯路无障导色二天眼能照隱顯有无障色三恵眼照一切種着色非
色法眼體恵合恵爲一不同色眼境有隱顯故略不論仏眼即前四叅談
因非果故上不說未知生忍花嚴經說十眼一肉眼見一切色二天眼見
死此生彼三恵眼見諸衆生諸根差別四法眼見一切法第一義五仏
眼見仏十力六智眼分別了知一切種法七明見七一切仏說光明仏出
生死眼見卅卅法九无导眼見一切法无有障导十普眼謂見法界
平等法門十中第一是五中第一第二見諸色故此第二是前第二此中
第三第五第六第七第九五眼是前法眼此第四第八是前恵眼
見真諦故或第四第八第九三眼是前恵眼俱見理故第十普
眼是前仏眼普見法界平等性故以仏眼觀者以五眼中仏眼觀
也十中仏眼不見衆生見十方故六道衆生无始久有留習二因未

眼是前仏眼普見法界平等性故以仏眼觀者以五眼中仏眼觀
世十中仏眼不見衆生見十方故六道衆生无始不脩福智二因未
獲七種聖財及人天七法財謂施戒忍勤定惠方便故无福及惠
經入生死險道至盲冥无所見　讃曰下二頌半有惡爲二初
一頌半現苦沉溺煩惱增多後一頌設求生要而行邪行此初也
世間犛牛由自愛尾藏身灌尾人貪其尾遂殺其身衆生
亦尓貪著五欲以自藏身遂以貪愛而自蔽因墜墮惡道有
本云自蔽蔽掩障也如犛牛愛尾以蔽其心遂致喪命衆生亦
尓貪愛蔽以犛牛說文西南夷長毛牛也有作貓字人間捕
鼠者非此中義有作猫猫不知所從　經不求大勢仏至苦欲
捨苦　讃曰設求生要而行邪行仏有神通智惠威勢能拔苦之
法而不求趣翻復外道邪見網中行法身苦行以捨生死苦此爲未
可所以六年麻麦尚不證於廿提坐卧荊棘何容得於道果

如狗逐塊塊打轉多豈同師子逐人非塊　經為是衆生故而
起大悲心　贊曰下三頌思救不可得為三初半頌思起因行
一頌得果已思一頌半思救不得此初也見諸衆生有此二緣遂
起悲心發心脩行思惟將救　經我始坐道場至思惟如是
事　贊曰得果已思佛成道已樹下經行觀樹喜自道圓
經行思惟利物又觀樹心凝妙理經行想化群生又觀樹想蔭
四生經行思施福惠諸經說佛成道已後說法時節各各不同此云
三七日彌沙塞律三昧七日与十地經同七日不說法顯示自受法
樂故為令衆生增愛敬故律及廿婆多傳過六七卌二日方說法
梵天來請憍陳如等根方熟故有說云夏安居後方度五人
十二由經成道後二年方度五人智度論說五十七日不說法此皆
諸部宜見不同未可和會然令解者大乘以法花為正此說通行
四諦法輪故三七日若唯說大乘法輪十地為正第二七日說十地

四諦法輪故三七日若唯說大乘法輪十地爲正第二七日說十地
故　經我所得智慧至云何而可度　贊曰思救不可得有四
因故一法深難解二根鈍難救三者着樂難捨四癡盲難悟云
何可度　經尔時諸梵王至請我轉法輪　贊曰下十一頌半請
念設權方中分四初二頌諸天請說次三頌示相思惟次四頌半
化遇良緣後二頌念隨權誘此初也大自在天色界天也今對三
乘法尔說法皆待請故智度論云淨居天勸出家四天王獻鉢
帝釋獻寶座梵王請轉法輪仏初不許梵王說有三根重請殷
勤仏方許之初說三乘勝天王般若云四天王等獻鉢等天帝釋
獻座仏爲受之各見獨爲受之皆發勝心然下大通智勝仏唯
梵王請此通諸天王者彼舉勝類非無餘天請彼仏也
經我即自思惟至疾入於卅卅　贊曰下三頌示相思惟有二初二頌
即說大乘衆生有損後一頌且說三乘衆生有益此初也以諸衆

生更俗殃在苦中出家妄〻甚〻无眼根能作大尊法若唇詃者
返生誹謗疑惑破壞脫生不信却墮惡道又在俗者設苦故
不信外出家者破法故不信既有此損寧不説法疾入卅何得
翻損諸衆生也即同智論初不許也　经尋念過去仏至應説三
乘法　贊曰且説三乘衆生有益同諸仏故此同智度重諸方
許　经作是思惟時至而用方便力　贊曰下有四頌半化遇良
緣有三初一頌半仏現讚揚次半頌初同諸仏後二頌半引已為
證後實初權此初二也十方化現欲仏稱善讚第一師得无上法
勸随諸仏後實初權釋迦能姓年居家号今略言文如音訓説
法尔随書皆云善哉　经我等亦皆得至分别説三乘
贊曰下二頌半引已為證後實初權中有三一頌引已為證次一頌釋
此所由後半頌結歸真實此初也引已初時説三乘也　经少智樂小法
至但教化卅卅　贊曰此釋所由及結歸真實以不定人創在凡夫小
智樂小无欲大意不信自作仏及初説三乘雖復勿權後説真實

至但教化廿廿　賛曰此釋所由及結歸真實以不定々人創在凡夫小
智樂小无欣大意不信自作佛故初説三乘雖復初權後必真實
但化廿廿　經舍利弗當知至喜稱南无佛　賛曰下二頌念随權
誘分二初頌聞々教讃後頌思惟彼行此初也有本云稱南无諸佛
應從喜稱為正々言納慕之言納莫此云敬礼々者言伴談者言
伴題此云孔拜舊云南无訛略也　經復作如是念至我亦随順行
賛曰思順彼行也既遇良緣勸我權化思生渇仰應順彼行　經思
惟是事已至爲五比丘説　賛曰下三頌半正説三乘化分三初一
頌半正起權化次一頌三寶遂興後一頌會成今古此初也梵云婆
羅痆斯云波羅奈訛也中印度境往昔此地有兩群鹿各五百餘
仏爲一群鹿王提婆達多復爲一王時此國王田遊原澤廿廿鹿王前
請王曰大王校獵中原縱燎飛矢凡我徒屬命盡斯晨即日腐臭无
所充膳願欲次差日輸一鹿王有割鮮之膳我延旦夕之命王善

其言迴駕而返所群之鹿更次輸命提婆君中有懷孕子鹿次
當就死白其王曰身雖應死子未次也願輒差替誕訖當往鹿王
怒曰誰不寶命雌鹿嘆曰吾王不仁死无日矣乃給告菩薩鹿
王曰悲哉慈母之心恩及未形吾今代汝遂至王門道路之人傳聲唱
言彼大鹿王今來入邑都人士庶莫不馳觀王之聞也以爲不誠門者
白王王乃信然王白鹿王一何遽來耶鹿王曰有雌鹿當死胎子未產
心不能忍敢以身代王聞嘆曰我人身鹿也无字育之心尔鹿身人也胥
代命之德於是悉放諸鹿不復輸命即以其林爲諸鹿藪因而謂
之施鹿林焉鹿野之名自此而興一初薩縛喝刺他悉陁唐言一切義
成舊曰悉達多訛略也太子踰城之後棲山隱谷忘身殉法淨飯王乃
命家族三人舅氏二人曰我子一切義成捨家脩學孤遊山澤獨處林
藪故命尔曹隨知所止內則叔父伯舅外則君而且臣凡厥動靜冝知
進止五人銜命相望營衛因即勤求欲期出離每相謂曰夫脩道者
苦證耶樂證耶二人曰安樂爲道三人曰勤苦爲道二三交爭未

道已五人從命相望營衛回既勤求啓甚生豪無相訖曰夫所道者
苦證耶樂證耶二人曰安樂爲道三人曰勤苦爲道二三交爭未
有以明於是太子思惟至理爲伏苦行外道苦節麻米以支身彼二人
者見而言曰太子所行非真實法夫道者樂以證之今乃勤苦非吾
徒也捨而遠適思惟果證太子六年苦行未證菩提欲驗苦行非真受
乳糜而證果斯三人者聞而嘆曰切垂成爲今其退矣六年苦行一旦
損切亦欲捨而去於是相從求訪二人既相見已匡坐高論更相議曰
昔見太子一切義成生王宮就荒谷去珠服披鹿皮精勤勵志貞
節苦心求涅槃妙法期無上果今乃受牧牛女乳糜敗道虧志
吾知之矣無能爲也彼二人曰君何見之晚歟此猖獗人耳夫處
乎深宮安乎尊勝不能靜志遠迹山林棄轉輪王位爲鄙
賤人行何可念哉言增瘵切菩薩居連何坐菩提樹成等正覺
號天人師寂默宴然惟察應度思曰彼鬱頭藍子者證非
想定之堪受我法空中諸天尋聲報曰鬱頭藍子命終已來經

今七日如来歎惜斯何不遇無聞妙法遷從變化重更觀察
有阿藍迦藍得无所有處定可授至理諸天又曰命終已五日
如来載嘆愍其薄祐又更諦觀誰應受教唯施鹿林有五
人者可先誘導如来尒時起𦬇提樹趣鹿野園威儀穿靜
神光晃曜豪含玉彩身真金色安详前進彼五人于時五人
遥見如来乎相謂曰一切義成彼来者是歲月遷淹聖果
不證心期已返故尋吾徒宜各默然勿起迎礼如来漸近威神動
物五人應制拜迎問訊侍從如儀如来漸誘示之妙理相傳解云
言五人者一陳如二十力迦葉三頞鞞有云即馬勝比丘四拔提五
摩男狗利應勘婆沙何故唯五人者有云迦葉仏時同学九
人四人利根已前得道五人鈍根故令始悟願逢釋迦仏出成道
故又經云釋迦過去作大魚身願先食我者先度五人先食故
先度之又經云六人曾供養仏五人取稻花供養一人待熟二人

故又經云釋迦過去作大魚身願先食我者先度五人先食故
先度之又經云六人曾供養仏五人取稻花供養一人待熟之一人
初悟一人在後即須跋陁羅又五即夜叉食慈力肉也五人中陳如得
初果四人在四善根至夏初方得道西域記云夏安居畢方得
道跡法家滅相即是真如不可言宣性離言故无名相法
以名相說名方便力趣波羅㮈為五人說　經是名轉法輪至
法繒差別名　贊曰三寶興也此法輪義略以五門分別一出
體二釋名三轉相四差別五三乘出體者俱舍論第廿四說
所說法門性　又名婆羅門　又名為梵輪　真梵所轉故
於中唯見道　說名為法輪　由速等似輪　或具輪等故
即於此中唯依見道世尊有處說名法輪有速等相見道似
彼故名法輪謂見諦道速疾行故有取捨故降未伏故鎮已伏
故上下轉故具此五相似世間輪故頌宗云如聖王輪取之卅舍處

見道亦尒捨昔等境東集等故此意顯示見諦理必不俱時
如聖王輪降未伏故尊者妙音作如是說如世間輪有輻等故
八聖道支似彼名輪謂正見正思惟正勤正念似世輪輻正語
正業正命似轂正定似輞故名法輪寧知法輪唯是見道憍
陳那等見道生時說名已轉正法輪故天現論云依經部宗彼
菩薩多言三轉行相非唯見道如彼可說唯相見道云法輪名
是故唯應即此三轉十二行相所有法門名為法輪可應正理云何
名輪由此法門住他相續令解義故或諸聖道皆名法輪相所
化生身中轉故於他相續見道生時已至轉初故名已轉此有
釋言初說見道名為法輪非菩薩多正義雜心亦復不正義云華
居說見道速疾名輪俱舍復云或諸聖道皆是法輪等此是
菩薩多師本意故顯宗云毗婆沙師本意總說一切聖道皆名
法輪以三說轉三道攝故於他相續見道生時已至轉初故

法輪以三説轉三道攝故於他相續見道生時已呈轉初故
名已轉非唯見道八聖道支名[獨]法輪妙音所説非正義故成實論
依初轉生聞慧第二轉生思慧第三轉生脩慧亦无十二行相唯作
一空耳今者大乘總貫諸文法輪有五一輪自性謂擇法覺正見
正智等瑜伽九十五云正見等法所成性故説名法輪自他三轉通
見及脩无學道故諸聖慧服能摧煩惱説名輪故倶舍之言一
聖切道名法輪故或體唯取八聖道支具轂輞輻園滿義故
正見正思惟説名爲轂是根本故正語業命説名爲輻因轂有故
正念勤定説名爲輞攝録餘故不同小乘比八聖道別脩行相
雖在脩道體實通餘見无學道世尊進无八聖道故二法輪因
謂能生後聖道諸教聞思脩等无量義經十七名中之名法輪故
諸經論中説佛教法名法輪故倶舍之言比即三轉十二行相所有
法門名法輪故瑜伽之説三周十二行相名等於等之方便及所攝

▢因合爲果因故方便又云三周正轉見脩无學隨其次第智見現
觀名得方便三輪眷屬謂諸聖道助伴五蘊瑜伽等說聖所
愛戒及信等法助觀增明助道除者非正斷故四法輪境謂四
聖諦十二因緣三性等法瑜伽又說爲得所緣境者謂四聖諦此
經之說大通智勝轉十二因緣解深密經說依顯了相說三无
性皆依遍計所執性已名法輪故五法輪果瑜伽又說爲得所得者謂
大菩提後文又說四沙門果所攝受聲聞菩提獨覺菩提若諸如
來无上菩提是法輪果瑜伽又說三周十二行相名得所得之方便
又云三周正轉見脩无學隨其次第智見現觀名得方便故菩提
菩薩名所得果然此五體不過四種一教二理三行四果釋名者一名
梵輪如來應供是梵增語彼所轉故名梵輪上名法輪法者
可軌持義正見等法所成性故說名法輪輪有四義一圓滿義
具轂輞輻式擇法覺等體用周備名之爲輪二摧壞義此四種

具轂輞輻式釋法覺等被用周備名之為輪二摧壞義此四種
法若伏若斷若助若正未斷煩惱皆能摧故三鎮遏義已伏
煩惱令勢遠故四不定義從自見至自備從自備至无學從自无
學智發言教他從於言教解於諦理他從諦理起於正見他從
正見起於果智如是轉展復為他說如轉輪王所有輪寶能除未
伏諸煩惱故能鎮已伏諸煩惱故法復法故瑜伽論說當知世
尊轉所解法置於所若憍陳如身中此復隨轉置餘身中彼復
隨轉置餘身中如是展轉隨轉義故說名為轉法即是輪持
業釋也轉者動也顯也運也起也動宣言教顯揚妙理運理
道於聲前起真智於言後因摧障惱名轉法輪所轉即法法之輪
之之轉二釋皆得轉相者九十五說由五種相轉法輪者當知名
為善轉法輪一者世尊為廿廿時為得所得所緣境界二者為得
所得方便三者證得自所應得四者得已樹也讚令他自證集

信解五者令他於他所證深生信解此意總說化身化相自證
果時令聲聞等亦有所證不依菩薩身成義去之依實菩薩轉
義總依始終究竟作論不依一念得成三轉所緣境者謂四聖諦
依安立諦非安立諦依於三性皆比攝故得方便者謂即於此四聖
諦中三周正轉十二相智此自三周轉法轉相爲得无上菩提因故最初
轉者謂昔菩薩入現觀時如實了知是苦聖諦廣說乃至是道
聖諦於中所有現量聖智能斷見道所斷煩惱尒時說名生聖
慧眼即此由依去來今世有差別故如其次第名智明覺此說
一智總名法眼有三刂相名智明覺非於一諦別起四智由真見道
通三世非是或諦通三世有第二
唯一剎那不同小宗上下別觀依詮證滅說通達我當於後猶有
所作應當遍知未知苦諦應當永斷未斷集諦應當作證未證
滅諦應當循習未修道諦如是亦有四種刂相如苦應知第二轉
者謂是无學已得盡知无生智故言所應作我皆已作謂我已遍知

者謂是无学已得盡知无生智故言所應作我皆已作謂我已遍知
未知苦諦乃至廣說我已脩習未脩道諦亦有四行類苦應知此
差別者謂前二轉四種行相是其有学真聖慧眼察後一種是其
无学真聖慧眼觀此文意初轉之時見道已前加行智位雖知
四諦但是轉因猶非正轉未摧壞故由此但名益力損能轉位所
攝入見道中真无間道正名為轉正斷惑故其解脫道及相見
道亦名初轉雖不斷惑斷處至故鎮已伏故亦作別知四諦相故此
後脩道未斷惑苦所起行相應遍知等是正轉相正起真智乃
至金剛心斷諸煩惱亦此轉攝起別行相但擬趣聖斷惑道折伏
正斷但名轉故至其无学解脫道後起我已作所應作智後更不
斷但鎮已伏无降未伏然見道前雖有伏道不与轉名非无漏故
前无〻漏故不同脩如是廿廿自為三轉初轉在見道名即相轉次
轉在脩道名應脩轉後轉在无学道名已作轉一〻轉時於一〻諦

生四〻行三轉〻皆論十二行如是四諦合卌八行違十二〻數等故相
名三轉十二行相俱舍亦說眼智明覺別觀諦故彼以法忍法智
類忍類智如次為四名作此釋不作八諦觀於一〻諦便無四行相者
忍智一〻皆具四行照境分明名眼對治無知名智對治無明名明
對治耶覺名覺不同於此得自所得者謂得無上正等卄提謂
即雙取卄提卌卌前為後因前無間道為解脫道由此說卄
卄自三周轉法輪〻之果或說法身卌卌真理名無上卄提起無學位
卄提辨身已作〻之智證法身故俱舍論等無佛自轉樹他相續令
於自證生信解者謂如長老阿若憍陳如從世尊所聞正法已最初
悟解四聖諦法又答問言我已解法從此已後如前所說究竟行相五
皆證得阿羅漢果生解脫愛此說世尊自得道故復為於他三轉
法輪因俱舍說三周循歷四聖諦故謂此是苦乃至此是道是名初
轉謂此應遍知乃至此應修習是第二轉此已遍知乃至此已修習是

轉謂此應遍知乃至此應脩習是第二轉此已遍知乃至此已脩習是
第三轉如次顯示見道脩道无学道三比是仏為他三轉者初名示
相示四諦相故次名勸々脩々諦行故復名作證為化證明知彼證故
由彼憍陳審初悟解入見道已仏問彼言汝已解耶彼荅已解故
得解名第二第三轉已遂得阿羅漢生解脫智處證得无為果
是名轉在他身於仏所證深生信解審後令々他於他所證生信解
者謂如長老阿若憍陳如起世間心我已解法如来知已起世間心阿
若憍陳已證我法地神知已舉聲傳告經於剎那瞬息須臾其
聲展轉乃至梵世間心者緣事之心非要散心此前第四樹聖道
於五人身中令於仏自所證深生信解第五令他地神等知若憍陳
所證深生信解差別者雖轉四諦法相不殊三乘之人各々證果差
聞性人已於三生或六十劫先脩習已聞仏所說依蘊處界證四諦
理名聲聞法輪獨覺性人已於四生或於百劫先脩習已聞仏所說

依十二緣修證四諦理名獨覺法輪菩薩性人已於一大阿僧祇劫先
修習已聞佛所說依三性等證四諦理名菩薩法輪不示三乘俱觀四諦
俱時證理有何差別大般若云世尊初於波羅奈國轉四諦法輪時
無量衆生發聲聞心證聲聞果無量衆生發獨覺心無量衆生
發起無上正等覺心證於初地二地三地乃至一生當得菩提故名鹿
野創轉三乘通行法輪若不示者第二七日已說十地何故不名轉
法輪也彼非三乘因所修故不與初轉法輪之名然受他身三時智起方有
經生而證聖果名三轉者其解憍陳等佛於鹿苑一時之間令其次
第得此三果名為三轉無垢稱經云三轉法輪於大千其輪本來
性寂希有法智天人證三寶於是現世間即此經云便有菩薩言音
現已及阿羅漢法之與僧三寶現世佛為佛寶菩薩及言果法教法名
為法寶阿若多等名之為僧阿羅漢者即是陳如復言僧者餘之四人
住有學故能證智所證諦即行理法寶四法已圓并佛及僧能化所化

住有學故能證智所證諦即行理法寶四法已周并仏及僧能化所化
既有體出合名三寶生現世間三乘者仏及廾廾并以聲聞說法令他
得智斷未可名轉法輪獨覺不尔廾廾經言緣覺說法不能令人得
煖等法由二乘等不識藥病不与聲聞轉法輪名理之行爽
經從久遠劫衆皆久來常說故古同今來至我常如是說
賛曰結會今古非但今日方讚廾廾永盡衆皆久來常說故古同今
經舍利弗當知至方便所說法　賛曰下有七頌今說真實頌如
是皆為得一切種智中分四初二頌根熟來逢一頌念之應度三
頌正說真實一頌結成法儀此初也我見先以權教度者曾於仏
所已聞權教善根熟故今來逢我故上文言是會衆生曾
見諸仏之曾見釋迦今摠言諸仏　經我即作是念至今正
是其時　賛曰念之應度為說仏惠令生脩學今根已熟何
得不教　經舍利弗當知至不能信是法　賛曰下三頌正說

真實分二初一頌明鈍不堪受後二頌明利根堪受此初也有五
過失不堪受大一鈍根聞法不解去何顛底迦二小智雖復聰
明情見不廣去趣寂者三着相謂起計執空有二相錯亂
亂字去不定種性執有非空根未熟故四憍者恃已盛事諸富
貴者醉逸縱任去根未熟有性凡夫稟性醉逸五慢者恃已
陵他五千之輩或復具起七種慢等諸煩惱者不能信大不應授
与 ·經今我喜无畏至悉亦當作仏　賛曰此明堪授初頌
明捨權就實後頌除疑得記喜者喜无量不嫉衆生成仏事故
无畏者決定義作師子吼理決定故於菩薩中者對勝人前故二乘
發心皆菩薩故依真實理說一乘道名爲正直不隨機權說有
三故名捨方便但說无上一乘之道即題今直唯說一道非於餘
故地前頓悟菩薩疑自獨得菩提聲聞无分不定種性亦菩薩疑於仏
果自亦无分欲退向小故今聞法此疑皆除現前名高千二百聲聞

果自亡无分欲退向小故今聞法此疑皆除現前名高千二百聲聞
疑不得作仏今正為说悉當作仏卅卅由此说須陁洹八万劫到
乃至辟支十千劫到〻於十信初發心也此等脩行極為遅鈍不
如初脩始業廿廿比擾不定非諸二乘皆定作仏故卅卅第卅四
云我於一時说一乘一道一行一縁能為衆生作大家静〻永斷一切
結傳惑昔〻又昔因令一切衆生到於一有我諸弟子不解我意
於大衆中唱如是言如来说須陁洹乃至阿羅漢皆得仏道菩薩
经如三世諸仏亦说无分別法　賛曰結成法儀也大乘妙理體
无別分三乘不異悉皆作仏故说之也　经諸仏興出也至樹
人〻復難　賛曰下第六段有七頌〻前第一未聞今聞分四三
頌法说四第二頌半喻顯二第三一頌半勸信一頌嘆結此初也一仏
出第二说法第三難聞第四能聴第仏出第者如賢劫千仏今第
九往劫已四仏出後第十劫弥勒仏出至第十五劫有九百九十四仏出此

劫法已體盧支仏獲王一劫經十二劫後始有莊嚴去千仏中前法
光積王仏出後更三百劫空過无有仏故仏希也如迦葉仏住壽
七日不説此經及今釋迦成仏卌年方説此經故足説希常處八難
亘与仏相逢故雖聞希雖逢出日更聞小乘不希大法故能聽希
經譬如優曇花至過於優曇花　讚曰喻顯二希世一頌〻
法出希一頌半頌聞讚希聞法及讚欲過優曇花故行真
法〻則爲供養三世仏故息聽聞教他聞合名聞法慶慰聞
此云歡喜讚嘆聞此云讚行此四種皆真行故　經汝等勿
有疑至无聲聞弟子　讚曰勸信勿疑　經汝等舍利弗至
諸仏之秘要　讚曰欲結深妙此爲諸仏秘藏勝道
經以五濁惡世至終不求仏道　讚曰下第二段有三頌〻破四疑
分三初一頌仏何時出化以三乘出五濁世次一頌云何知增上慢[illegible]
我弟子自謂阿羅漢不信此法无有是處一頌云何堪説除仏

我弟子自謂阿羅漢不信此法无有是處一頌云何堪說除仏
滅後現前无仏此初也　經當來世惡人至破法墮惡道
賛曰頌釋云何知増上慢當来惡人不信此法者多是増上慢
不但増上慢所餘惡人亦不能信仏在慢者上已說相滅後難
故此獨舉　經有慚愧清淨至廣讚一乘道　賛曰釋
堪說有具四德一慚崇重賢善復顧自身羞恥過非二愧輕
暴惡復顧世間羞恥過罪三清淨内外无瑕穢捨世名利四
仏道不顧二乘能信此經不愚法類乃可為說設愚法者若
遇餘仏便得決了一乘道也　經舍利弗當知至自知當作仏
賛曰此中三頌品第四明勸發喜心令欣作仏初一頌半明仏法難
学不了後一頌半勸知生喜欣求作仏如文可解

法花經玄賛第四

BD00113 妙法蓮華經卷一

（後秦）鳩摩羅什 譯

103cm×25.3cm

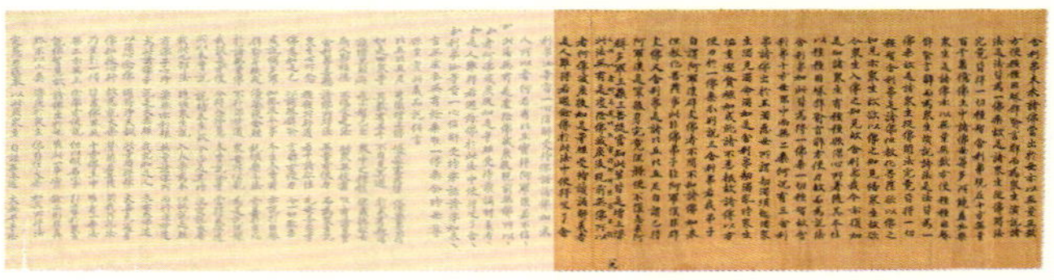

舍利弗未來諸佛當出於世亦以無量無數
方便種種因緣譬喻言辭而爲衆生演說諸
法是法皆爲一佛乘故是諸衆生從佛聞法
究竟皆得一切種智舍利弗現在十方無量
百千萬億佛土中諸佛世尊多所饒益安樂
衆生是諸佛亦以無量無數方便種種因緣
譬喻言辭而爲衆生演說諸法是法皆爲一
佛乘故是諸衆生從佛聞法究竟皆得一切
種智舍利弗是諸佛但教化菩薩欲以佛之
知見示衆生故欲以佛之知見悟衆生故欲
令衆生入佛之知見故舍利弗我今亦復如
是知諸衆生有種種欲深心所著隨其本性
以種種因緣譬喻言辭方便力故而爲說法

舍利弗如此皆為得一佛乘一切種智故舍
利弗十方世界中尚無二乘何況有三舍利
弗諸佛出於五濁惡世所謂劫濁煩惱濁衆
生濁見濁命濁如是舍利弗劫濁亂時衆生
垢重慳貪嫉妬成就諸不善根故諸佛以方
便力於一佛乘分別說三舍利弗若我弟子
自謂阿羅漢辟支佛者不聞不知諸佛如來
但教化菩薩事此非佛弟子非阿羅漢非辟
支佛又舍利弗是諸比丘比丘尼自謂已得
阿羅漢是最後身究竟涅槃便不復志求阿
耨多羅三藐三菩提當知此輩皆是增上慢
人所以者何若有比丘實得阿羅漢若不信
此法無有是處除佛滅度後現前無佛所以
者何佛滅度後如是等經受持讀誦解義者
是人難得若遇餘佛於此法中便得決了舍

六

者何佛滅度後如是等經受持讀誦解義者
是人難得若遇餘佛於此法中便得決了舍
利弗汝等當一心信解受持佛語諸佛如来
人所以者何若有比丘實得阿羅漢若不信、
此法無有是處除佛滅度後現前無佛所以、
者何佛滅度後如是等經受持讀誦解義者、
是人難得若遇餘佛於此法中便得決了舍、
利弗汝等當一心信解受持佛語諸佛如来、
言無虛妄無有餘乘唯一佛乘尒時世尊
欲重宣此義而説偈言
比丘比丘尼　有懷增上慢　優婆塞我慢　優婆夷不信
如是四衆等　其數有五千　不自見其過　於戒有缺漏
護惜其瑕疵　是小智已出　衆中之糟糠　佛威德故去
斯人尠福德　不堪受是法　此衆無枝葉　唯有諸貞實

舍利弗善聽　諸佛所得法　無量方便力　而為衆生說
衆生心所念　種種所行道　若干諸欲性　先世善惡業
佛悉知是已　以諸緣譬喻　言辭方便力　令一切歡喜
或說修多羅　伽陀及本事　本生未曾有　亦說於因緣
譬喻并祇夜　優婆提舍經　鈍根樂小法　貪著於生死
於諸無量佛　不行深妙道　衆苦所惱亂　為是說涅槃
我設是方便　令得入佛慧　未曾說汝等　當得成佛道
所以未曾說　說時未至故　今正是其時　決定說大乘
我此九部法　隨順衆生說　入大乘為本　以故說是經
有佛子心淨　柔軟亦利根　無量諸佛所　而行深妙道
為此諸佛子　說是大乘經　我記如是人　來世成佛道
以深心念佛　修持淨戒故　此等聞得佛　大喜充遍身
佛知彼心行　故為說大乘　聲聞若菩薩　聞我所說法
乃至於一偈　皆成佛無疑　十方佛土中　唯有一乘法

乃至於一偈　皆成佛無疑　十方佛土中　唯有一乘法
無二亦無三　除佛方便說　但以假名字　引導於衆生
說佛智慧故　諸佛出於世　唯此一事實　餘二則非真
終不以小乘　濟度於衆生　佛自住大乘　如其所得法
定慧力莊嚴　以此度衆生　自證無上道　大乘平等法

BD00114 四分比丘尼戒本

（後秦）佛陀耶舍 譯

（唐）懷素 集

BD00114v 藏文雜寫

245cm × 26.3cm

經問義教授者波逸提
若比丘尼同活比丘尼病不瞻視者波逸提
若比丘尼安居初聽餘比丘尼在房内安牀
後瞋恚駈出者波逸提
若比丘尼安居中人間遊行經宿除受七日
法者波逸提
若比丘尼安居竟應出行乃至一宿若比丘
尼安居竟不出行波逸提
若比丘尼邊界有疑處恐怖處人間遊行者
波逸提
若比丘尼於界内有疑恐怖處在人間遊行
者波逸提
若比丘尼親近居士居士兒共作不隨順行

餘比丘尼諫此比丘尼言妹汝莫親近居士
居士兒共住作不隨順行大姊可別住於佛
法有增益安樂住彼比丘尼諫此比丘尼時
堅持不捨彼比丘尼應三諫捨此事故乃至
三諫捨此事若不捨者波逸提
若比丘尼往看王宮文飾堂園浴池者波逸
提 一百
若比丘尼露形在河水泉水池水中浴波逸
提
若比丘尼作浴衣應量作應量作者長佛六
磔手廣二磔手半若過者波逸提
若比丘尼縫僧伽梨過五日除求索僧伽梨
出迦絺那衣八難事起者波逸提
若比丘尼過五日不看僧伽梨波逸提

出迦絺那衣八難事起者波逸提
若比丘尼過五日不看僧伽梨波逸提
若比丘尼知檀越欲施衆僧衣遮令不施者
波逸提
若比丘尼不問主便著他衣者波逸提
若比丘尼持沙門衣施与外道白衣者波逸
提
若比丘尼作如是意衆僧如法分衣遮不令
分恐弟子不得波逸提
若比丘尼作如是意衆僧令不得出迦絺那
衣後當出欲令五事久得放捨波逸提
若比丘尼作如是遮比丘尼僧不出迦絺那
衣欲令五事久得放捨波逸提百一十

若比丘尼餘比丘尼語言爲我滅諍事而不
作方便令滅者波逸提
若比丘尼自手持食与白衣外道者波逸提
若比丘尼爲白衣作使者波逸提
若比丘尼入白衣舍在小牀大牀上若坐若
卧波逸提
若比丘尼至白衣舍語主人敷坐止宿明日
不辭主人而去波逸提
若比丘尼誦習世俗呪者波逸提
若比丘尼教人誦習呪術者波逸提
若比丘尼知女人任身度与受具足戒者波
逸提
百 若比丘尼知婦女乳兒与受具足者波逸提

若比丘尼知婦女乳兒与受具足者波逸提
百廿
若比丘尼知年不滿廿与受具足戒波逸提
若比丘尼年十八童女不与二歲學戒年廿
便与受具足者波逸提
若比丘尼年十八童女与二歲學戒与六法
滿廿衆僧不聽便与受具足戒者波逸提
若比丘尼受曾嫁婦女年十歲与二歲學戒
年滿十二聽与受具足戒若不滿十二与受
具足戒波逸提
若比丘尼度小年曾婦嫁女与二歲學戒年
滿十二不白衆僧便与受具足戒波逸提
若比丘尼知知是婬女与受具足戒者波逸

提
若比丘尼多度弟子不教二歲學戒不以二
法攝取波逸提
若比丘尼不二歲隨和上尼者波逸提
若比丘尼僧不聽而授人具足戒者波逸提
百卅
若比丘尼年未滿十二歲授人具足戒者波
逸提
若比丘尼年滿十二歲衆僧不聽授人具足
戒者波逸提
若比丘尼僧不聽授人具足戒便言衆僧有
愛有恚有怖有癡欲聽者便聽不欲聽者便
不聽波逸提
若比丘尼父母夫主不聽便与受具足戒者

不聽波逸提
若比丘尼父母夫主不聽便與受具足戒者
波逸提
若比丘尼知女人與童男童女身相敬愛度
令出家後愁憂瞋恚與受具足戒波逸提
若比丘尼語式叉摩那言妹學是當與汝受
具足戒若不方便與受具足戒波逸提
若比丘尼語式叉摩那言持衣來當與受具
足戒而不方便與受具足戒波逸提
若比丘尼不滿一歲授人具足戒者波逸提
若比丘尼與人受具足戒已經宿往比丘僧
中與受具足戒者波逸提
若比丘尼不病不往受教授者波逸提 百卌

（6-4）

若比丘尼半月應往比丘僧中求教授若不
求者波逸提
若比丘尼僧夏安居竟應往比丘僧中說三
事自恣見聞疑若不者波逸提
若比丘尼在無比丘處夏安居者波逸提
若比丘尼知有比丘尼僧伽藍不白而入者波
逸提
若比丘尼罵比丘者波逸提
若比丘尼喜鬪諍不善憶持諍事後瞋恚罵
比丘尼衆者波逸提
若比丘尼身生癰種種瘡不白衆及餘人輙
使男子破若壞者波逸提
若比丘尼先受請若足食已後食飯麨乾魚
及宍皆波逸提

若比丘尼先受請若足食已後食飯麨乾魚
及宍者波逸提
若比丘尼慳惜檀越家恐人往生嫉妒心波
逸提
若比丘尼以香塗摩身者波逸提 百五十
若比丘尼使比丘尼塗摩身波逸提
若比丘尼以胡麻滓塗身者波逸提
若比丘尼使式叉摩那塗摩身者波逸提
若比丘尼使沙彌尼塗摩身者波逸提
若比丘尼使白衣婦女塗摩其身者波逸提
若比丘尼著紵絝衣者波逸提
若比丘尼畜婦女莊餝身具手脚玔猥處莊
餝具乃至樹皮作鐶一切波逸提

若比丘尼著草屣持蓋行除時因緣波逸提
若比丘尼無乘騎行除時因緣波逸提
若比丘尼不著僧祇支入村者波逸提 百六十
若比丘尼向暮至白衣家先不被喚波逸提
若比丘尼向暮開僧伽藍門不囑授餘比丘
尼而去出者波逸提
若比丘尼日沒後開僧伽藍門不囑而去者
波逸提
若比丘尼不前安不後安居者波逸提
若比丘尼知女人常漏大小便涕唾常出者
与受具足戒波逸提
若比丘尼知二形人与受具足戒者波逸提
若比丘尼知二道合者与受具足戒波逸提
若比丘尼知有負債難病難者与受具足戒

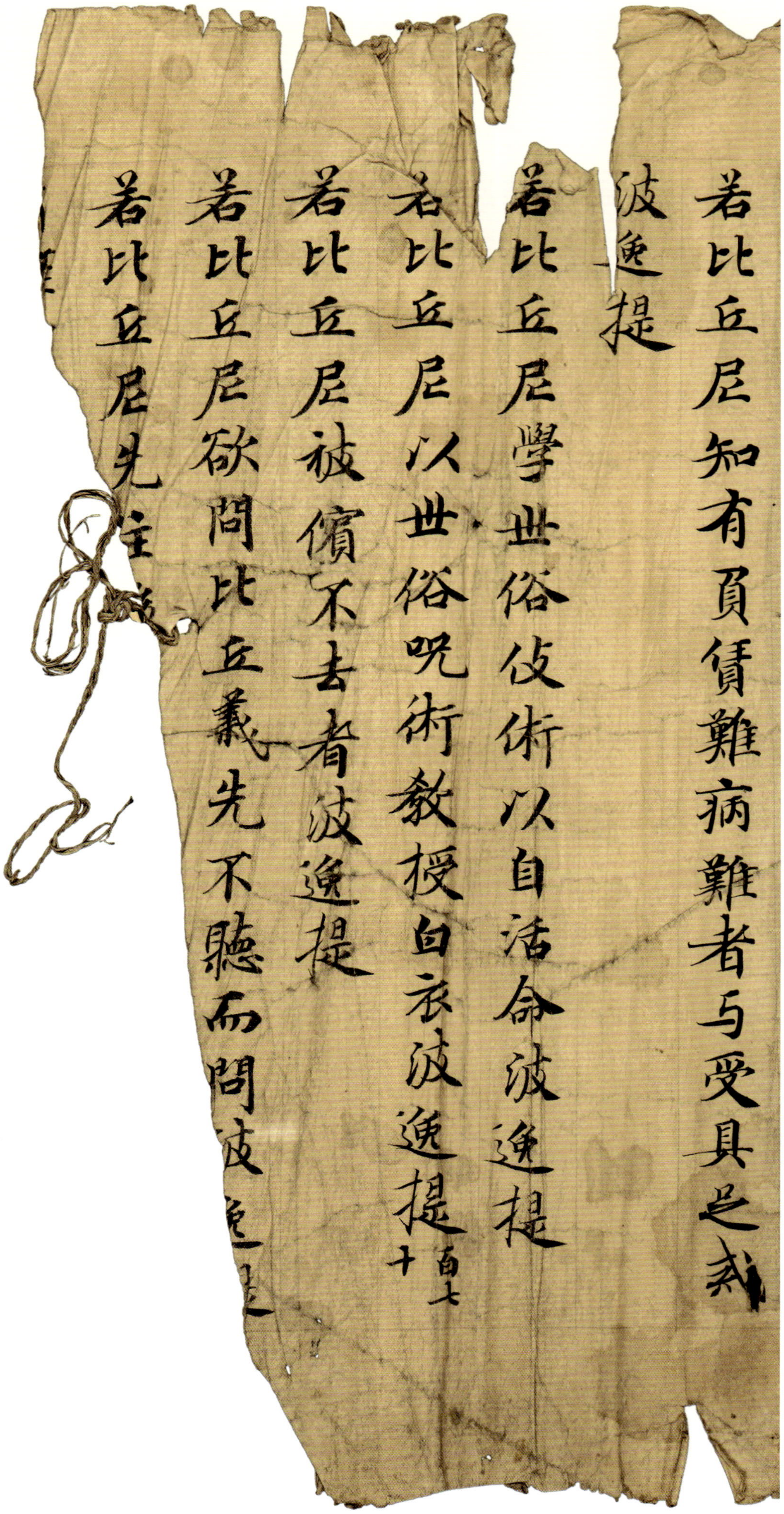

若比丘尼知有負債難病難者与受具足戒
波逸提
若比丘尼學世俗伎術以自活命波逸提
若比丘尼以世俗呪術教授白衣波逸提 百七十
若比丘尼被擯不去者波逸提
若比丘尼欲問比丘義先不聽而問波逸提
若比丘尼先住

BD00114v　藏文雜寫

# BD00115 妙法蓮華經卷一

（後秦）鳩摩羅什 譯

913.7cm × 26cm

[illegible]

[illegible]葉那提迦葉舍利弗大目揵連摩
訶迦旃延阿㝹樓馱劫賓那憍梵波提離波
多畢陵伽婆蹉薄拘羅摩訶拘絺羅難陁孫
陁羅難陁富樓那弥多羅尼子須菩提阿難
羅睺羅如是衆所知識大阿羅漢等復有學
无學二千人摩訶波闍波提比丘尼與眷屬
千人俱羅睺羅母耶輸陁羅比丘尼亦與
屬俱菩薩摩訶薩八萬人皆於阿耨多羅
三藐三菩提不退轉皆得陁羅尼樂說辯才
轉不退轉法輪供養无量百千諸佛於諸佛
所殖衆德本常為諸佛之所稱歎以慈脩身
善入佛慧通達大智到於彼岸名稱普聞无

量世界能度无數百千衆生其名曰文殊師
利菩薩觀世音菩薩得大勢菩薩常精進菩
薩不休息菩薩寶掌菩薩藥王菩薩勇施菩
寶月菩薩月光菩薩滿月菩薩大力菩薩
无量力菩薩越三界菩薩跋陀婆羅菩薩弥
勒菩薩寶積菩薩導師菩薩如是等菩薩摩
訶薩八萬人俱尒時釋提桓因與其眷屬二
萬天子俱復有名月天子普香天子寶光天
子四大天王與其眷屬萬天子俱自在天子
大自在天子與其眷屬三萬天子俱娑婆世
梵天王尸棄大梵光明大梵等與其眷
屬萬二千天子俱有八龍王難陀龍王跋難
陀龍王娑伽羅龍王和脩吉龍王德叉迦龍

屬萬二千天子俱有八龍王難陀龍王跋難
陀龍王娑伽羅龍王和脩吉龍王德叉迦龍
王阿那婆達多龍王摩那斯龍王優鉢羅龍
王等各與若干百千眷屬俱有四緊那羅王
法緊那羅王妙法緊那羅王大法緊那羅王
持法緊那羅王各與若干百千眷屬俱有四
乾闥婆王樂乾闥婆王樂音乾闥婆王美乾
闥婆王美音乾闥婆王各與若干百千眷屬
俱有四阿脩羅王婆稚阿脩羅王佉羅騫馱
阿脩羅王毗摩質多羅阿脩羅王羅睺阿脩
羅王各與若干百千眷屬俱有四迦樓羅王
大威德迦樓羅王大身迦樓羅王大滿迦樓
羅王如意迦樓羅王各與若干百千眷屬俱
韋提希子阿闍世王與若干百千眷屬俱各

禮佛足退坐一面
世尊四衆圍繞供養恭敬尊重讚歎為
諸菩薩說大乘經名无量義教菩薩法佛所
護念佛說此經已結跏趺坐入於无量義處
三昧身心不動是時天雨曼陁羅華摩訶曼
陁羅華曼殊沙華摩訶曼殊沙華而散佛上
及諸大衆普佛世界六種震動尒時會中比
丘比丘尼優婆塞優婆夷天龍夜叉乹闥婆
阿脩羅迦樓羅緊那羅摩睺羅伽人非人及
小王轉輪聖王是諸大衆得未曾有歡喜
合掌一心觀佛尒時佛放眉間白毫相光照
東方萬八千世界靡不周遍下至阿鼻地獄
上至阿迦尼吒天於此世界盡見彼土六趣

東方萬八千世界靡不周遍下至阿鼻地獄
上至阿迦尼吒天於此世界盡見彼土六趣
衆生又見彼土現在諸佛及聞諸佛所説經
法并見彼諸比丘比丘尼優婆塞優婆夷諸
脩行得道者復見諸菩薩摩訶薩種種因緣
種種信解種種相貌行菩薩道復見諸佛般
涅槃者復見諸佛般涅槃後以佛舍利起七
寶塔尒時弥勒菩薩作是念今者世尊現神
變相以何因緣而有此瑞今佛世尊入于三
昧是不可思議現希有事當以問誰誰能荅
者復作此念是文殊師利法王之子已曾親
近供養過去无量諸佛必應見此希有之相
我今當問尒時比丘比丘尼優婆塞優婆夷
諸天龍鬼神等咸作此念是佛光明神通

之相今當問誰尒時彌勒菩薩欲自決疑又
觀四衆比丘比丘尼優婆塞優婆夷及諸天
龍鬼神等衆會之心而問文殊師利言以何
因緣而有此瑞神通之相放大光明照于東
方萬八千土悉見彼佛國界莊嚴於是彌勒
菩薩欲重宣此義以偈問曰

文殊師利　導師何故　眉間白毫　大光普照
雨曼陀羅　曼殊沙華　栴檀香風　悅可衆心
以是因緣　地皆嚴淨　而此世界　六種震動
時四部衆　咸皆歡喜　身意快然　得未曾有
眉間光明　照于東方　萬八千土　皆如金色
從阿鼻獄　上至有頂　諸世界中　六道衆生
生死所趣　善惡業緣　受報好醜　於此悉見
又見諸佛　聖主師子　演說經典　微妙第一

生死所趣　善惡業緣　受報好醜　於此悉見
又覩諸佛　聖主師子　演說經典　微妙第一
其聲清淨　出柔耎音　教諸菩薩　无數億萬
梵音深妙　令人樂聞　各於世界　講說正法
種種因緣　以无量喻　照明佛法　開悟衆生
若人遭苦　猒老病死　爲說涅槃　盡諸苦際
若人有福　曾供養佛　志求勝法　爲說緣覺
若有佛子　脩種種行　求无上慧　爲說佛道
文殊師利　我住於此　見聞若斯　及千億事
如是衆多　今當略說　我見彼土　恒沙菩薩
種種因緣　而求佛道　或有行施　金銀珊瑚
真珠摩尼　車璖馬瑙　金鋼諸珎　奴婢車乘
寶飾輦輿　歡喜布施　迴向佛道　願得是乘

三界第一 諸佛所歎 或有菩薩 駟馬寶車
欄楯華蓋 軒飾布施 復見菩薩 身肉手足
及妻子施 求无上道 又見菩薩 頭目身體
欣樂施與 求佛智慧 文殊師利 我見諸王
往詣佛所 問无上道 便捨樂土 宮殿臣妾
剃除鬚髮 而被法服 或見菩薩 而作比丘
獨處閑靜 樂誦經典 又見菩薩 勇猛精進
入於深山 思惟佛道 又見離欲 常處空閑
深脩禪定 得五神通 又見菩薩 安禪合掌
以千萬偈 讚諸法王 復見菩薩 智深志固
能問諸佛 聞悉受持 又見佛子 定慧具足
以无量喻 為眾講法 欣樂說法 化諸菩薩
破魔兵眾 而擊法鼓 又見菩薩 寂然宴默
天龍恭敬 不以為喜 又見菩薩 處林放光

破魔兵衆　而擊法鼓　又見菩薩　寂然宴默
天龍恭敬　不以爲喜　又見菩薩　處林放光
濟地獄苦　令入佛道　又見佛子　未嘗睡眠
經行林中　勤求佛道　又見具戒　威儀无缺
淨如寶珠　以求佛道　又見佛子　住忍辱力
增上慢人　惡罵捶打　皆悉能忍　以求佛道
又見菩薩　離諸戲笑　及癡眷屬　親近智者
一心除亂　攝念山林　億千萬歲　以求佛道
或見菩薩　餚饍飲食　百種湯藥　施佛及僧
名衣上服　價直千万　或无價衣　施佛及僧
千萬億種　栴檀寶舍　衆妙卧具　施佛及僧
清淨園林　華菓茂盛　流泉浴池　施佛及僧
如是等施　種種微妙　歡喜无猒　求无上道

或有菩薩　說寂滅法　種種教詔　无數衆生
或見菩薩　觀諸法性　无有二相　猶如虛空
又見佛子　心无所著　以此妙慧　求无上道
文殊師利　又有菩薩　佛滅度後　供養舍利
又見佛子　造諸塔廟　无數恒沙　嚴飾國界
寶塔高妙　五千由旬　縱廣正等　二千由旬
一一塔廟　各千幢幡　珠交露幔　寶鈴和鳴
諸天龍神　人及非人　香華伎樂　常以供養
文殊師利　諸佛子等　為供舍利　嚴飾塔廟
國界自然　殊特妙好　如天樹王　其華開敷
佛放一光　我及衆會　見此國界　種種殊妙
諸佛神力　智慧希有　放一淨光　照无量國
我等見此　得未曾有　佛子文殊　願決衆疑
四衆欣仰　瞻仁及我　世尊何故　放斯光明

我等見此　得未曾有　佛子文殊　願決衆疑
四衆欣仰　瞻仁及我　世尊何故　放斯光明
佛子時答　決疑令喜　何所饒益　演斯光明
佛坐道場　所得妙法　爲欲說此　爲當授記
示諸佛土　衆寶嚴淨　及見諸佛　此非小緣
文殊當知　四衆龍神　瞻察仁者　爲說何等
爾時文殊師利語彌勒菩薩摩訶薩及諸大
士善男子等如我惟忖今佛世尊欲說大法
雨大法雨吹大法螺擊大法鼓演大法義諸
善男子我於過去諸佛曾見此瑞放斯光已
即說大法是故當知今佛現光亦復如是欲
令衆生咸得聞知一切世間難信之法故現
斯瑞諸善男子如過去无量无邊不可思議

阿僧祇劫尒時有佛号日月燈明如来應供
正遍知明行足善逝世間解无上士調御丈
夫天人師佛世尊演說正法初善中善後善
其義深遠其語巧妙純一无雜具足清白梵
行之相爲求聲聞者說應四諦法度生老病
死究竟涅槃爲求辟支佛者說應十二因緣
法爲諸菩薩說應六波羅蜜令得阿耨多羅
三藐三菩提成一切種智次復有佛亦名日
月燈明次復有佛亦名日月燈明如是二萬
佛皆同一字号日月燈明又同一姓姓頗羅
墮弥勒當知初佛後佛皆同一字名日月燈
明十号具足所可說法初中後善其冣後佛
未出家時有八王子一名有意二名善意三
名无量意四名寶意五名增意六名除疑意

未出家時有八王子一名有意二名善意三
名无量意四名寶意五名增意六名除疑意
七名嚮意八名法意是八王子威德自在各
領四天下是諸王子聞父出家得阿耨多羅
三藐三菩提悉捨王位亦随出家發大乘意
常脩梵行皆為法師已於千萬佛所殖諸善
本是時日月燈明佛說大乘經名无量義教
菩薩法佛所護念說是經已即於大衆中結
跏趺坐入於无量義處三昧身心不動是時
天雨曼陁羅華摩訶曼陁羅華曼殊沙華摩
訶曼殊沙華而散佛上及諸大衆普佛世界
六種震動尒時會中比丘比丘尼優婆塞優
婆夷天龍夜叉乾闥婆阿脩羅迦樓羅緊那

羅摩睺羅伽人非人及諸小王轉輪聖王等
是諸大衆得未曾有歡喜合掌一心觀佛尒
時如來放眉間白毫相光照東方萬八千佛
土靡不周遍如今所見是諸佛土弥勒當知
尒時會中有二十億菩薩樂欲聽法是諸菩
薩見此光明普照佛土得未曾有欲知此光
所為因緣時有菩薩名曰妙光有八百弟子
是時日月燈明佛從三昧起因妙光菩薩說
大乘經名妙法蓮華教菩薩法佛所護念六
十小劫不起于座時會聽者亦坐一處六十
小劫身心不動聽佛所說謂如食頃是時衆
中无有一人若身若心而生懈惓日月燈明
佛於六十小劫說是經已即於梵魔沙門婆
羅門及天人阿脩羅衆中而宣此言如來於

佛於六十小劫說是經已即於梵魔沙門婆
羅門及天人阿脩羅衆中而宣此言如來於
今日中夜當入无餘涅槃時有菩薩名曰德
藏日月燈明佛即授其記告諸比丘是德藏
菩薩次當作佛号曰淨身多陀阿伽度阿羅
訶三藐三佛陁佛授記已便於中夜入无餘
涅槃佛滅度後妙光菩薩持妙法蓮華經滿
八十小劫為人演說日月燈明佛八子皆師
妙光妙光教化令其堅固阿耨多羅三藐三
菩提是諸王子供養无量百千萬億佛已皆
成佛道其最後成佛者名曰然燈八百弟子
中有一人号曰求名貪著利養雖復讀誦衆
經而不通利多所忘失故号求名是人亦以
種諸善根因緣故得值无量百千萬億諸佛

供養恭敬尊重讚歎弥勒當知尒時妙光菩
薩豈異人乎我身是也求名菩薩汝身是也
今見此瑞與本无異是故惟忖今日如來當
說大乘經名妙法蓮華教菩薩法佛所護念
尒時文殊師利於大衆中欲重宣此義而說
偈言
我念過去世　无量无數劫　有佛人中尊　号日月燈明
世尊演說法　度无量衆生　无數億菩薩　令入佛智慧
佛未出家時　所生八王子　見大聖出家　亦隨脩梵行
時佛說大乘　經名无量義　於諸大衆中　而為廣分別
佛說此經已　即於法座上　跏趺坐三昧　名无量義處
天雨曼陁華　天鼓自然鳴　諸天龍鬼神　供養人中尊
一切諸佛土　即時大震動　佛放眉間光　現諸希有事

天雨曼陁華　天鼓自然鳴　諸天龍鬼神　供養人中尊
一切諸佛土　即時大震動　佛放眉間光　現諸希有事
此光照東方　萬八千佛土　示一切衆生　生死業報處
有見諸佛土　以衆寶莊嚴　瑠璃頗梨色　斯由佛光照
及見諸天人　龍神夜叉衆　乹闥緊那羅　各供養其佛
及見諸如來　自然成佛道　身色如金山　端嚴甚微妙
如淨瑠璃中　內現真金像　世尊在大衆　敷演深法義
一一諸佛土　聲聞衆无數　因佛光所照　悉見彼大衆
或有諸比丘　在於山林中　精進持淨戒　猶如護明珠
又見諸菩薩　行施忍辱等　其數如恒沙　斯由佛光照
又見諸菩薩　深入諸禪定　身心寂不動　以求无上道
又見諸菩薩　知法寂滅相　各於其國土　說法求佛道
尒時四部衆　見日月燈佛　現大神通力　其心皆歡喜
各各自相問　是事何因緣　天人所奉尊　適從三昧起

讚妙光菩薩　汝為世間眼　一切所歸信　能奉持法藏
如我所說法　唯汝能證知　世尊既讚歎　令妙光歡喜
說是法華經　滿六十小劫　不起於此座　所說上妙法
是妙光法師　悉皆能受持　佛說是法華　令眾歡喜已
尋即於是日　告於天人眾　諸法實相義　已為汝等說
我今於中夜　當入於涅槃　汝一心精進　當離於放逸
諸佛甚難值　億劫時一遇　世尊諸子等　聞佛入涅槃
各各懷悲惱　佛滅一何速　聖主法之王　安慰无量眾
我若滅度時　汝等勿憂怖　是德藏菩薩　於无漏實相
心已得通達　其次當作佛　号曰為淨身　亦度无量眾
佛此夜滅度　如薪盡火滅　分布諸舍利　而起无量塔
比丘比丘尼　其數如恒沙　倍復加精進　以求无上道
是妙光法師　奉持佛法藏　八十小劫中　廣宣法華經

是妙光法師　奉持佛法藏　八十小劫中　廣宣法華經
是諸八王子　妙光所開化　堅固无上道　當見无數佛
供養諸佛已　隨順行大道　相繼得成佛　轉次而授記
最後天中天　号曰燃燈佛　諸仙之導師　度脫无量衆
是妙光法師　時有一弟子　心常懷懈怠　貪著於名利
求名利无猒　名遊族姓家　棄捨所習誦　廢忘不通利
以是因緣故　号之為求名　亦行衆善業　得見无數佛
供養於諸佛　隨順行大道　具六波羅蜜　今見釋師子
其後當作佛　号名曰彌勒　廣度諸衆生　其數无有量
彼佛滅度後　懈怠者汝是　妙光法師者　今則我身是
我見燈明佛　本光瑞如此　以是知今佛　欲說法華經
今相如本瑞　是諸佛方便　今佛放光明　助發實相義
諸人今當知　合掌一心待　佛當雨法雨　充足求道者
諸求三乘人　若有疑悔者　佛當為除斷　令盡无有餘

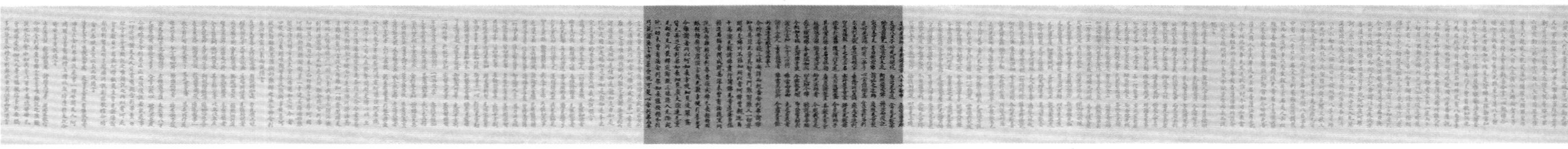

妙法蓮華經方便品第二
尒時世尊從三昧安詳而起告舍利弗諸佛
知慧甚深无量其智慧門難解難入一切聲
聞辟支佛所不能知所以者何佛曾親近百
千萬億无數諸佛盡行諸佛无量道法勇猛
精進名稱普聞成就甚深未曾有法隨宜所
說意趣難解舍利弗吾從成佛已來種種因
緣種種譬喻廣演言教无數方便引導衆生
令離諸著所以何如來方便知見波羅蜜
皆已具足舍利弗如來知見廣大深遠无量
无礙力无所畏禪定解脫三昧深入无際成
就一切未曾有法舍利弗如來能種種分別
巧說諸法言辭柔耎悅可衆心舍利弗取要

巧說諸法言辭柔耎悅可衆心舍利弗取要
言之无量无邊未曾有法佛悉成就止舍利
弗不須復說所以者何佛所成就第一希有
難解之法唯佛與佛乃能究盡諸法實相所
謂諸法如是相如是性如是體如是力如是
作如是因如是緣如是果如是報如是本末
究竟等尒時世尊欲重宣此義而說偈言
世雄不可量　諸天及世人　一切衆生類　无能知佛者
佛力无所畏　解脫諸三昧　及佛餘諸法　无能測量者
本從无數佛　具足行諸道　甚深微妙法　難見難可了
於无量億劫　行此諸道已　道場得成果　我已悉知見
如是大果報　種種性相義　我及十方佛　乃能知是事
是法不可示　言辭相寂滅　諸餘衆生類　无有能得解
除諸菩薩衆　信力堅固者　諸佛弟子衆　曾供養諸佛

一切漏已盡　住是最後身　如是諸人等　其力所不堪
假使滿世間　皆如舍利弗　盡思共度量　不能測佛智
正使滿十方　皆如舍利弗　及餘諸弟子　亦滿十方剎
盡思共度量　亦復不能知　辟支佛利智　无漏最後身
亦滿十方界　其數如竹林　斯等共一心　於億无量劫
欲思佛實智　莫能知少分　新發意菩薩　供養无數佛
了達諸義趣　又能善說法　如稻麻竹葦　充滿十方剎
一心以妙智　於恒河沙劫　咸皆共思量　不能智佛智
不退諸菩薩　其數如恒沙　一心共思求　亦復不能知
又告舍利弗　无漏不思議　甚深微妙法　我今已具得
唯我知是相　十方佛亦然　舍利弗當知　諸佛語无異
於佛所說法　當生大信力　世尊法久後　要當說真實
告諸聲聞眾　及求緣覺乘　我令脫苦縛　逮得涅槃者

吉諸聲聞衆 及求緣覺乘 我令脱苦縛 逮得涅槃者
佛以方便力 示以三乘教 衆生處處著 引之令得出
尒時大衆中有諸聲聞漏盡阿羅漢阿若憍
陳如等千二百人及發聲聞辟支佛心比丘
比丘尼優婆塞優婆夷各作是念今者世尊
何故慇懃稱歎方便而作是言佛所得法甚
深難解有所言說意趣難知一切聲聞辟支
佛所不能及佛說一解脱義我等亦得此法
到於涅槃而今不知是義所趣尒時舍利弗
知四衆心疑自亦未了而白佛言世尊何因
何緣慇懃稱歎諸佛第一方便甚深微妙難
解之法我自昔來未曾從佛聞如是說今者
四衆咸皆有疑唯願世尊敷演斯事世尊何
故慇懃稱歎甚深微妙難解之法尒時舍利

弗欲重宣此義而說偈言
慧日大聖尊　久乃說是法　自說得如是　力无畏三昧
禪定解脫等　不可思議法　道場所得法　无能發問者
我意難可測　亦无能問者　無問而自說　稱歎所行道
智慧甚微妙　諸佛之所得　無漏諸羅漢　及求涅槃者
今皆墮疑網　佛何故說是　其求緣覺者　比丘比丘尼
諸天龍鬼神　及乾闥婆等　相視懷猶豫　瞻仰兩足尊
是事為云何　願佛為解說　於諸聲聞衆　佛說我第一
我今自於智　疑惑不能了　為是究竟法　為是所行道
佛口所生子　合掌瞻仰待　願出微妙音　時為如實說
諸天龍神等　其數如恒沙　求佛諸菩薩　大數有八万
又諸萬億國　轉輪聖王至　合掌以敬心　欲聞具足道
尒時佛告舍利弗止止不須復說若說是事

又諸萬億國　轉輪聖王至　合掌以敬心　欲聞具足道
尒時佛告舍利弗止止不須復說若說是事
一切世間諸天及人皆當驚疑舍利弗重白
佛言世尊唯願說之唯願說之所以者何是
會无數百千萬億阿僧祇衆生曾見諸佛諸
根猛利智慧明了聞佛所說則能敬信尒時
舍利弗欲重宣此義而說偈言
法王无上尊　唯說願勿慮　是會无量衆　有能敬信者
佛復止舍利弗若說是事一切世間天人阿
脩羅皆當驚疑增上慢比丘將墜於大坑尒
時世尊重說偈言
止止不須說　我法妙難思　諸增上慢者　聞必不敬信
尒時舍利弗重白佛言世尊唯願說之唯願
說之今此會中如我等比百千萬億世世已

曾從佛受化如此人等必能敬信長夜安隱
多所饒益尒時舍利弗欲重宣此義而說偈言
无上兩足尊 願說第一法 我為佛長子 唯垂分別說
是會无量衆 能敬信此法 佛已曾世世 教化如是等
皆一心合掌 欲聽受佛語 我等千二百 及餘求佛者
願為此衆故 唯垂分別說 是等聞此法 則生大歡喜
尒時世尊告舍利弗汝已慇懃三請豈得不
說汝今諦聽善思念之吾當為汝分別解說
說此語時會中有比丘比丘尼優婆塞優婆
夷五千人等即從座起禮佛而退所以者何
此輩罪根深重及增上慢未得謂得未證謂
證有如此失是以不住世尊默然而不制止
尒時佛告舍利弗我今此衆无復枝葉純有

尒時佛告舍利弗我今此衆无復枝葉純有
貞實舍利弗如是增上慢人退亦佳矣汝今
善聽當爲汝説舍利弗言唯然世尊願樂欲
聞佛告舍利弗如是妙法諸佛如來時乃説
之如優曇鉢華時一現耳舍利弗汝等當信
佛之所説言不虚妄舍利弗諸佛隨宜説法
意趣難解所以者何我以无數方便種種因
緣譬喻言辭演説諸法是法非思量分別之
所能解唯有諸佛乃能知之所以者何諸佛
世尊唯以一大事因緣故出現於世舍利弗
云何名諸佛世尊唯以一大事因緣故出現
於世諸佛世尊欲令衆生開知佛見使得清
淨故出現於世欲示衆生佛之知見故出現

於世欲令衆生悟佛知見故出現於世欲令
衆生入佛知見道故出現於世舍利弗是為
諸佛以一大事因緣故出現於世佛告舍利
弗諸佛如來但教化菩薩諸有所作常為一
事唯以佛之知見示悟衆生舍利弗如來但
以一佛乘故為衆生說法无有餘乘若二若
三舍利弗一切十方諸佛法亦如是舍利弗
過去諸佛以无量无數方便種種因緣譬喻
言辭而為衆生演說諸法是法皆為一佛乘
故是諸衆生從諸佛聞法究竟皆得一切種
智舍利弗未來諸佛當出於世亦以无量无
數方便種種因緣譬喻言辭而為衆生演說
諸法是法皆為一佛乘故是諸衆生從佛聞
法究竟皆得一切種智舍利弗現在十方无

BD00115　妙法蓮華經卷一

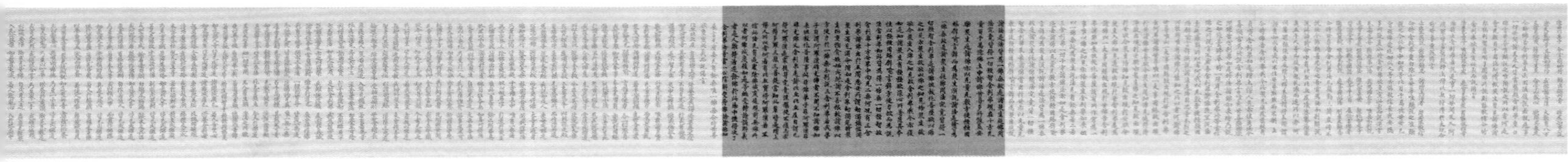

諸法是法皆為一佛乘故是諸衆生從佛聞
法究竟皆得一切種智舍利弗現在十方无
量百千萬億佛土中諸佛世尊多所饒益安
樂衆生是諸佛亦以无量无數方便種種因
緣辟喻言辭而為衆生演說諸法是法皆為
一佛乘故是諸衆生從佛聞法究竟皆得一
切種智舍利弗是諸佛但教化菩薩欲以佛
之知見示衆生故欲以佛之知見悟衆生故
欲令衆生入佛之知見故舍利弗我今亦復
如是知諸衆生有種種欲深心所著隨其本
性以種種因緣辟喻言辭方便力故而為說
法舍利弗如此皆為得一佛乘一切種智故
舍利弗十方世界中尚无二乘何況[illegible]三舍

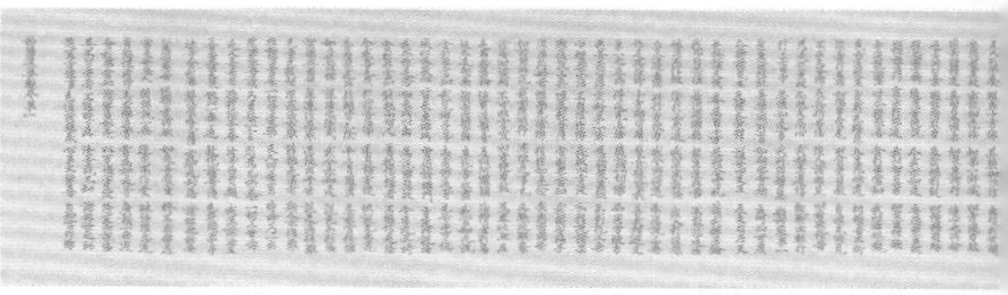

利弗諸佛出於五濁惡世所謂劫濁煩惱濁
衆生濁見濁命濁如是舍利弗劫濁亂時衆
生垢重慳貪嫉妬成就諸不善根故諸佛以
方便力於一佛乘分別說三舍利弗若我弟
子自謂阿羅漢辟支佛者不聞不知諸佛如
來但教化菩薩事此非佛弟子非阿羅漢非
辟支佛又舍利弗是諸比丘比丘尼自謂已
得阿羅漢是最後身究竟涅槃便不復志求
阿耨多羅三藐三菩提當知此輩皆是增上
慢人所以者何若有比丘實得阿羅漢若不
信此法无有是處除佛滅度後現前無佛所
以者何佛滅度後如是等經受持讀誦解義
者是人難得若遇餘佛於此法中便得決了
舍利弗汝等當一心信解受持佛語諸佛如

舍利弗汝等當一心信解受持佛語諸佛如
来言无虚妄无有餘乘唯一佛乘尒時世尊
欲重宣此義而說偈言
比丘比丘尼　有懷增上慢　優婆塞我慢　優婆夷不信
如是四衆等　其數有五千　不自見其過　於戒有缺漏
護惜其瑕疵　是小智已出　衆中之糟糠　佛威德故去
斯人尠福德　不堪受是法　此衆无枝葉　唯有諸貞實
舍利弗善聽　諸佛所得法　无量方便力　而為衆生說
衆生心所念　種種所行道　若干諸欲性　先世善惡業
佛悉知是已　以諸緣譬喻　言辭方便力　令一切歡喜
或說脩多羅　伽陁及本事　本生未曾有　亦說於因緣
譬喻并祇夜　優波提舍經　鈍根樂小法　貪著於生死
於諸无量佛　不行深妙道　衆苦所惱亂　為是說涅槃

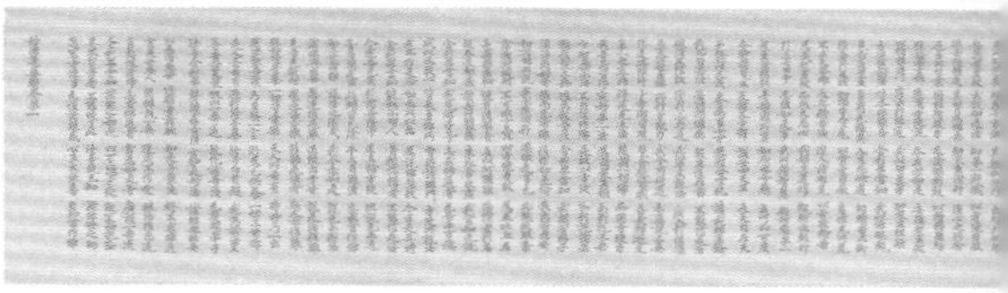

我設是方便 令得入佛慧 未曾說汝等 當得成佛道
所以未曾說 說時未至故 今正是其時 決定說大乘
我此九部法 隨順衆生故 入大乘為本 以故說是經
有佛子心淨 柔軟亦利根 无量諸佛所 而行深妙道
為此諸佛子 說是大乘經 我記如是人 來世成佛道
以深心念佛 脩持淨戒故 此等聞得佛 大喜充遍身
佛知彼心行 故為說大乘 聲聞若菩薩 聞我所說法
乃至於一偈 皆成佛無疑 十方佛土中 唯有一乘法
無二亦無三 除佛方便說 但以假名字 引導於衆生
說佛智慧故 諸佛出於世 唯此一事實 餘二則非真
終不以小乘 濟度於衆生 佛自住本乘 如其所得法
定慧力莊嚴 以此度衆生 自證无上道 大乘平等法
若以小乘化 乃至於一人 我則墮慳貪 此事為不可
若人信歸佛 如來不欺誑 亦无貪嫉意 斷諸法中惡

BD00115 妙法蓮華經卷一

若以小乘化　乃至於一人　我則墮慳貪　此事為不可
若人信歸佛　如來不欺誑　亦无貪嫉意　斷諸法中惡
故佛於十方　而獨无所畏　我以相嚴身　光明照世間
无量衆所尊　為說實相印　舍利弗當知　我本立誓願
欲令一切衆　如我等无異　如我昔所願　今者已滿足
化一切衆生　皆令入佛道　若我遇衆生　盡教以佛道
無智者錯亂　迷惑不受教　我知此衆生　未曾脩善本
堅著於五欲　癡愛故生惱　以諸欲因緣　墜墮三惡道
輪迴六趣中　備受諸苦毒　受胎之微形　世世常增長
薄德少福人　衆苦所逼迫　入邪見稠林　若有若無等
依止此諸見　具足六十二　深著虛妄法　堅受不可捨
我慢自矜高　諂曲心不實　於千萬億劫　不聞佛名字
亦不聞正法　如是人難度　是故舍利弗　我為設方便

說諸盡苦道　示之以涅槃　我雖說涅槃　是亦非真滅
諸法從本來　常自寂滅相　佛子行道已　來世得作佛
我有方便力　開示三乘法　一切諸世尊　皆說一乘道
今此諸大眾　皆應除疑惑　諸佛語无異　唯一無二乘
過去无數劫　无量滅度佛　百千萬億種　其數不可量
如是諸世尊　種種緣譬喻　无數方便力　演說諸法相
是諸世尊等　皆說一乘法　化无量眾生　令入於佛道
又諸大聖主　知一切世間　天人群生類　深心之所欲
更以異方便　助顯第一義　若有眾生類　值諸過去佛
若聞法布施　或持戒忍辱　精進禪智等　種種脩福慧
如是諸人等　皆已成佛道　諸佛滅度已　若人善耎心
如是諸眾生　皆已成佛道　諸佛滅度已　供養舍利者
起萬億種塔　金銀及頗梨　車𤦲與馬瑙　玫瑰琉璃珠
清淨廣嚴飾　莊校於諸塔　或有起石廟　栴檀及沈水

起萬億種塔　金銀及頗梨　車渠與馬瑙　玫瑰瑠璃珠
清淨廣嚴飾　莊校於諸塔　或有起石廟　栴檀及沉水
木蜜并餘材　甎瓦泥土等　若於曠野中　積土成佛廟
乃至童子戲　聚沙為佛塔　如是諸人等　皆已成佛道
若人為佛故　建立諸形像　刻彫成衆相　皆已成佛道
或以七寶成　鍮石赤白銅　白鑞及鉛錫　鐵木及與泥
或以膠漆布　嚴飾作佛像　如是諸人等　皆已成佛道
綵畫作佛像　百福莊嚴相　自作若使人　皆已成佛道
乃至童子戲　若草木及筆　或以指爪甲　而畫作佛像
如是諸人等　漸漸積功德　具足大悲心　皆已成佛道
但化諸菩薩　度脫无量衆　若人於塔廟　寶像及畫像
以華香幡蓋　敬心而供養　若使人作樂　擊鼓吹角貝
簫笛琴箜篌　琵琶鐃銅鈸　如是衆妙音　盡持以供養

或以歡喜心　歌唄頌佛德　乃至一小音　皆已成佛道
若人散亂心　乃至以一華　供養於畫像　漸見无數道
或有人礼拜　或復但合掌　乃至舉一手　或復小低頭
以此供養像　漸見无量佛　自成无上道　廣度无數衆
入无餘涅槃　如薪盡火滅　若人散亂心　入於塔廟中
一稱南无佛　皆已成佛道　於諸過去佛　在世或滅後
若有聞是法　皆已成佛道　未來諸世尊　其數无有量
是諸如來等　亦方便說法　一切諸如來　以无量方便
度脫諸衆生　入佛无漏智　若有聞法者　无一不成佛
諸佛本誓願　我所行佛道　普欲令衆生　亦同得此道
未來世諸佛　雖說百千億　无數諸法門　其實為一乘
諸佛兩足尊　知法常无性　佛種從緣起　是故說一乘
是法住法位　世間相常住　於道場知已　導師方便說

諸佛兩足尊　知法常无性　佛種從緣起　是故說一乘
是法住法位　世間相常住　於道場知已　導師方便說
无人所供養　現在十方佛　其數如恒沙　出現於世間
安隱衆生故　亦說如是法　知第一寂滅　以方便力故
雖示種種道　其實為佛乘　知衆生諸行　深心之所念
過去所習業　欲性精進力　及諸根利鈍　以種種因緣
譬喻亦言辭　隨應方便說　今我亦如是　安隱衆生故
以種種法門　宣示於佛道　我以智慧力　知衆生性欲
方便說諸法　皆令得歡喜　舍利弗當知　我以佛眼觀
見六道衆生　貧窮无福慧　入生死險道　相續苦不斷
深著於五欲　如犛牛愛尾　以貪愛自蔽　盲瞑无所見
不求大勢佛　及與斷苦法　深入諸邪見　以苦欲捨苦
為是衆生故　而起大悲心　我始坐道場　觀樹亦經行
於三七日中　思惟如是事　我所得智慧　微妙最第一

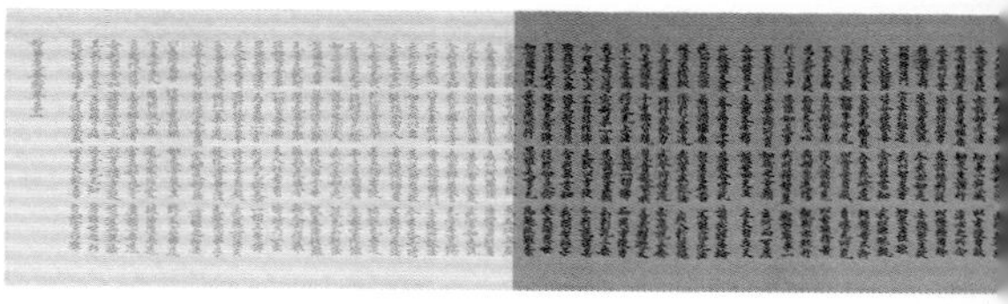

衆生諸根鈍　著樂癡所盲　如斯之等類　云何而可度
尒時諸梵王　及諸天帝釋　護世四天王　及大自在天
并餘諸天衆　眷屬百千万　恭敬合掌礼　請我轉法輪
我即自思惟　若但讚佛乘　衆生没在苦　不能信是法
破法不信故　墜於三惡道　我寧不說法　疾入於涅槃
尋念過去佛　所行方便力　我今所得道　亦應說三乘
作是思惟時　十方佛皆現　梵音慰喻我　善哉釋迦文
第一之導師　得是无上法　隨諸一切佛　而用方便力
我等亦皆得　最妙第一法　為諸衆生類　分別說三乘
少智樂小法　不自信作佛　是故以方便　分別說諸果
雖復說三乘　但為教菩薩　舍利弗當知　我聞聖師子
深淨微妙音　稱南无諸佛　復作如是念　我出濁惡世
如諸佛所說　我亦隨順行　思惟是事已　即趣波羅柰

深淨微妙音 稱南无諸佛 復作如是念 我出濁惡世
如諸佛所說 我亦隨順行 思惟是事已 即趣波羅柰
諸法寂滅相 不可以言宣 以方便力故 為五比丘說
是名轉法輪 便有涅槃音 及以阿羅漢 法僧差別名
從久遠劫來 讚示涅槃法 生死苦永盡 我常如是說
舍利弗當知 我見佛子等 志求佛道者 无量千万億
咸以恭敬心 皆來至佛所 曾從諸佛聞 方便所說法
我即作是念 如來所以出 為說佛慧故 今正是其時
舍利弗當知 鈍根小智人 著相憍慢者 不能信是法
今我喜无畏 於諸菩薩中 正直捨方便 但說无上道
菩薩聞是法 疑網皆已除 千二百羅漢 悉亦當作佛
如三世諸佛 說法之儀式 我今亦如是 說无分別法
諸佛興出世 懸遠值遇難 正使出于世 說是法復難
无量无數劫 聞是法亦難 能聽是法者 斯人亦復難

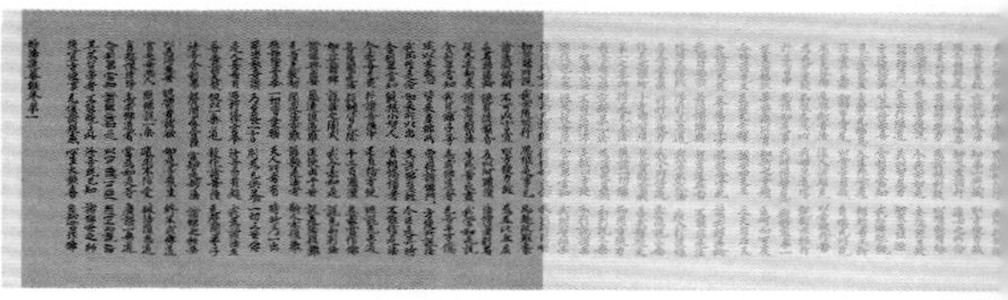

譬如優曇華　一切皆愛樂　天人所希有　時時乃一出
聞法歡喜讚　乃至發一言　則為已供養　一切三世佛
是人甚希有　過於優曇華　汝等勿有疑　我為諸法王
普告諸大衆　但以一乘道　教化諸菩薩　无聲聞弟子
汝等舍利弗　聲聞及菩薩　當知是妙法　諸佛之秘要
以五濁惡世　但樂著諸欲　如是等衆生　終不求佛道
當來世惡人　聞佛說一乘　迷惑不信受　破法墮惡道
有慚愧清淨　志求佛道者　當為如是等　廣讚一乘道
舍利弗當知　諸佛法如是　以万億方便　隨宜而說法
其不習學者　不能曉了此　汝等既已知　諸佛世之師
隨宜方便事　无復諸疑惑　心生大歡喜　自知當作佛

妙法蓮華經卷第一

妙法蓮華經卷第一

## BD00116 觀世音經

（後秦）鳩摩羅什 譯

170.3cm × 29.5cm

菩薩名者彼
若三千大千国土滿、夜叉羅剎名
聞其稱觀世音菩薩名者是諸惡鬼尚不能
以惡眼視之况復加害設復有人若有罪若
无罪杻械枷鎖檢繫其身稱觀世音菩薩名者
皆悉斷壞即得解脫若三千大千国土滿
中怨賊有一商主將諸商人齎持重寶經過
險路其中一人作是唱言諸善男子勿得恐怖
汝等應當一心稱觀世音菩薩名号是菩薩
能以无畏施於衆生汝等若稱名者於此怨
賊當得解脫衆商人聞俱發聲言南无觀世音
菩薩稱其名故即得解脫无盡意觀世音
菩薩摩訶薩威神之力魏魏如是若有衆生
多於婬欲常念恭敬觀世音菩薩便得離

欲若多瞋恚常念恭敬觀世音菩薩便得離
瞋若多愚癡常念恭敬觀世音菩薩便得離
癡无盡意觀世音菩薩有如是等大威神力多
所饒益是故衆生常應心念若有女人設
欲求男礼拜供養觀世音菩薩便生福德智
慧之男設欲求女便生端正有相之女宿植
德本衆人愛敬无盡意觀世音菩薩有如是
力若有衆生恭敬礼拜觀世音菩薩福不唐
捐是故衆生皆應受持觀世音菩薩名号无
盡意若有人受持六十二億恒河沙菩薩名
字復盡形供養飲食衣服臥具醫藥於汝意
云何是善男子善女人功德多不无盡意言
甚多世尊佛言若復有人受持觀世音菩薩
名号乃至一時礼拜供養是二人福正等无
異於百千万億劫不可窮盡无盡意受持觀
世音菩薩名号得如是无量无邊福德之利

世音菩薩名号得如是无量无邊福德之利
无盡意菩薩白佛言世尊觀世音菩薩云何
遊此娑婆世界云何而為衆生説法方便之
力其事云何佛告无盡意菩薩善男子若有
國土衆生應以佛身得度者觀世音菩薩即
現佛身而為説法應以辟支佛身得度者即
現辟支佛身而為説法應以聲聞身得度者
即現聲聞身而為説法應以梵王身得度者
即現梵王身而為説法應以帝釋身得度者
即現帝釋身而為説法應以自在天身得度
者即現自在天身而為説法應以大自在天身
得度者即現大自在天身而為説法應以天
大將軍身得度者即現天大將軍身而為
説法應以毗沙門身得度者即現毗沙門身而
為説法應以小王身得度者即現小王身而

為說法應以長者身得度者即現長者身而
為說法應以居士身得度者即現居士身而為
說法應以宰官身得度者即現宰官身而為
說法應以婆羅門身得度者即現婆羅門身而
為說法應以比丘比丘尼優婆塞優婆夷身得
度者即現比丘比丘尼優婆塞優婆夷身而
為說法應以長者居士宰官婆羅門婦女身
得度者即現婦女身而為說法應以童男童
女身得度者即現童男童女身而為說法應
以天龍夜叉乾闥婆阿脩羅迦樓羅緊那羅
摩睺羅伽人非人等身得度者即皆現之而
為說法應以執金剛神得度者即現執金剛
神而為說法无盡意是觀世音菩薩成就如是
功德以種種形遊諸國土度脫衆生是故汝等
應當一心供養觀世音菩薩是觀世音菩薩摩
訶薩於怖畏急難之中能施无畏是故此娑

訶薩於怖畏急難之中能施无畏是故此娑
婆世界皆号之爲施无畏者无盡意菩薩
白佛言世尊我今當供養觀世音菩薩即
解頸衆寶珠瓔珞價直百千兩金而以與之
作是言仁者受此法施珍寶瓔珞時觀世音
菩薩不肯受之无盡意復白觀世音菩薩
言仁者愍我等故受此瓔珞尒時佛告觀世音
菩薩當愍此无盡意菩薩及四衆天龍夜叉乾
闥婆阿脩羅迦樓羅緊那羅摩睺羅伽人非
人等故受是瓔珞即時觀世音菩薩愍諸四
衆及於天龍人非人等受其瓔珞分作二分
一分奉釋迦牟尼佛一分奉多寶佛塔无盡
意觀世音菩薩有如是自在神力遊於娑婆
世界尒時无盡意菩薩以偈問曰
世尊妙相具　我今重問彼　佛子何因緣　名爲觀世音

具足妙相尊　偈答無盡意　汝聽觀音行　善應諸方所
弘誓深如海　歷劫不思議　侍多千億佛　發大清淨願
我為汝略說　聞名及見身　心念不空過　能滅諸有苦
假使興害意　推落大火坑　念彼觀音力　火坑變成池
或漂流巨海　龍魚諸鬼難　念彼觀音力　波浪不能沒
或在須彌峯　為人所推墮　念彼觀音力　如日虛空住
或被惡人逐　墮落金剛山　念彼觀音力　不能損一毛
或值怨賊繞　各執刀加害　念彼觀音力　咸即起慈心
或遭王難苦　臨刑欲壽終　念彼觀音力　刀尋段段壞
或囚禁枷鎖　手足被杻械　念彼觀音力　釋然得解脫
呪咀諸毒藥　所欲害身者　念彼觀音力　還著於本人
或遇惡羅剎　毒龍諸鬼難　念彼觀音力　時悉不敢害
若惡獸圍遶　利牙爪可怖　念彼觀音力　疾走无邊方
蚖蛇及蝮蠍　氣毒煙火燃　念彼觀音力　尋聲自迴去
雲雷鼓掣電　降雹澍大雨　念彼觀音力　應時得消散
眾生被困厄　无量苦逼身　觀音妙智力　能救世間苦

衆生被困厄　无量苦逼身　觀音妙智力　能救世間苦
具足神通力　廣修智方便　十方諸國土　无刹不現身
種種諸惡趣　地獄鬼畜生　生老病死苦　以漸悉令滅
真觀清淨觀　廣大智慧觀　悲觀及慈觀　常願常瞻仰
无垢清淨光　慧日破諸闇　能伏災風火　普明照世間
悲體戒雷震　慈意妙大雲　澍甘露法雨　滅除煩惱焰
諍訟經官處　怖畏軍陣中　念彼觀音力　衆怨悉退散
妙音觀世音　梵音海潮音　勝彼世間音　是故須常念
念念勿生疑　觀世音淨聖　於苦惱死厄　能為作依怙
具一切功德　慈眼視衆生　福聚海无量　是故應頂禮
尒時持地菩薩即從坐起前白佛言世尊若
有衆生聞是觀世音菩薩品自在之業普門
示現神通力者當知是人功德不少佛說是
普門品時衆中八万四千衆生皆發无等等
阿耨多羅三藐三菩提心

觀世音經一卷

# BD00117 妙法蓮華經（八卷本）卷六

（後秦）鳩摩羅什 譯

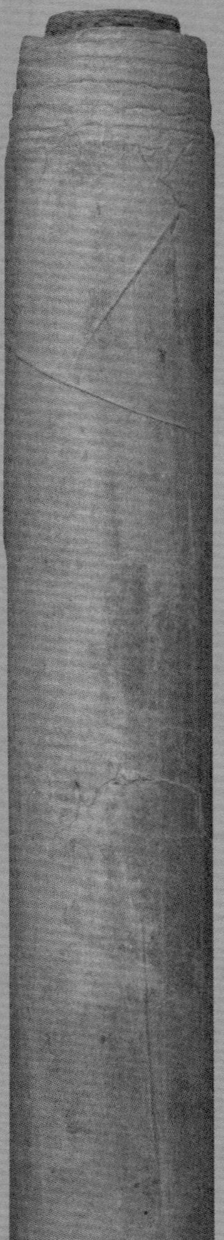

798.4cm × 25.7cm

又以種種方
歡喜心諸善男子
薄垢重者為是
諸衆生樂於小法德
人說我少出家得阿耨多羅三藐三菩提然
我實成佛已來久遠若斯但以方便教化
衆生令入佛道作如是說諸善男子如來所
演經典皆為度脫衆生或說己身或說他身
或示己身或示他身或示己事或示他事諸
所言說皆實不虛所以者何如來如實知見
三界之相无有生死若退若出亦无在世及
滅度者非實非虛非如非異不如三界見於
三界如斯之事如來明見无有錯謬以諸衆
生有種種性種種欲種種行種種憶想分別
故欲令生諸善根以若干因緣譬喻言辭種
種說法所作佛事未曾暫廢如是我成佛已

來甚大久遠壽命无量阿僧祇劫常住不滅
諸善男子我本行菩薩道所成壽命今猶未
盡復倍上數然今非實滅度而便唱言當取
滅度如來以是方便教化衆生所以者何若佛
久住於世薄德之人不種善根貧窮下賤貪
著五欲入於憶想妄見網中若見如來常在
不滅便起憍恣而懷猒怠不能生難遭之想
恭敬之心是故如來以方便說比丘當知諸
佛出世難可值遇所以者何諸薄德人過
无量百千万億劫或有見佛或不見者以此
事故我作是言諸比丘如來難可得見斯衆生
等聞如是語必當生於難遭之想心懷戀慕
渴仰於佛便種善根是故如來雖不實滅而
言滅度又善男子諸佛如來法皆如是為度
衆生皆實不虛譬如良醫智慧聦達明練方

衆生皆實不虛譬如良醫智慧聰達明練方
藥善治衆病其人多諸子息若十二十乃至
百數以有事緣遠至餘國諸子於後飲他毒
藥藥發悶亂宛轉于地是時其父還來歸
家諸子飲毒或失本心或不失者遥見其父
皆大歡喜拜跪問訊善安隱歸我等愚癡誤
服毒藥願見救療更賜壽命父見子等苦惱
如是依諸經方求好藥草色香美味皆悉具
足擣篩和合與子令服而作是言此大良藥
色香美味皆悉具足汝等可服速除苦惱无
復衆患其諸子中不失心者見此良藥色香
俱好即便服之病盡除愈餘失心者見其父
來雖亦歡喜問訊求索治病然與其藥而不
肯服所以者何毒氣深入失本心故於此好色
香藥而謂不美父作是念此子可愍爲毒所

中心皆顛倒雖見我喜求索救療如是好藥
而不肯服我今者何我今當設方便令服此藥即
作是言汝等當知我今衰老死時已至是好良
藥今留在此汝可取服勿憂不差作是教已復
至他國遣使還告汝父已死是時諸子聞父背
喪心大憂惱而作是念若父在者慈愍我等
能見救護今者捨我遠喪他國自惟孤露
无復恃怙常懷悲感心遂醒悟乃知此藥
色味香美即取服之毒病皆愈其父聞子悉
已得差尋便來歸咸使見之諸善男子於意
云何頗有人能說此良醫虛妄罪不不也世
尊佛言我亦如是成佛已來无量无邊百千
万億那由他阿僧祇劫為衆生故以方便力
言當滅度亦无有能如法說我虛妄過者尒
時世尊欲重宣此義而說偈言

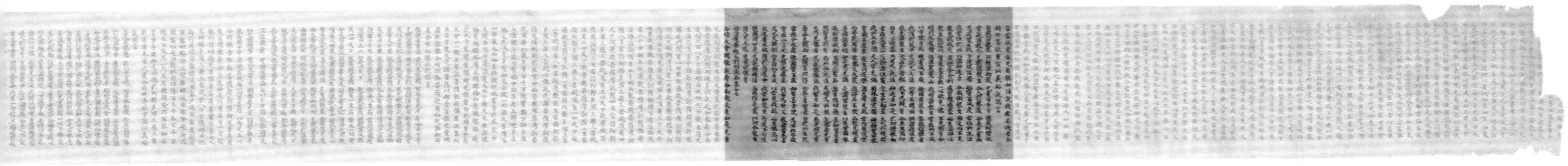

言當滅度亦无有能如法說我虛妄過者尒
時世尊欲重宣此義而說偈言
自我得佛來　所經諸劫數　无量百千万　億載阿僧祇
常說法教化　无數億衆生　令入於佛道　尒來无量劫
為度衆生故　方便現涅槃　而實不滅度　常住此說法
我常住於此　以諸神通力　令顛倒衆生　雖近而不見
衆見我滅度　廣供養舍利　咸皆懷戀慕　而生渴仰心
衆生既信伏　質直意柔軟　一心欲見佛　不見惜身命
時我及衆僧　俱出靈鷲山　我時語衆生　常在此不滅
以方便力故　現有滅不滅　餘國有衆生　恭敬信樂者
我復於彼中　為說无上法　汝等不聞此　但謂我滅度
我見諸衆生　沒在於苦惱　故不為現身　令其生渴仰
因其心戀慕　乃出為說法　神通力如是　於阿僧祇劫
常在靈鷲山　及餘諸住處　衆生見劫盡　大火所燒時
我此土安隱　天人常充滿　園林諸堂閣　種種寶莊嚴

寶樹多華菓　衆生所遊樂　諸天擊天鼓　常作衆伎樂
雨曼陁羅華　散佛及大衆　我淨土不毀　而衆見燒盡
憂怖諸苦惱　如是悉充滿　是諸罪衆生　以惡業因緣
過阿僧祇劫　不聞三寶名　諸有脩功德　柔和質直者
則皆見我身　在此而說法　或時為此衆　說佛壽无量
久乃見佛者　為說佛難值　我智力如是　慧光照无量
壽命无數劫　久脩業所得　汝等有智者　勿於此生疑
當斷令永盡　佛語實不虛　如醫善方便　為治狂子故
實在而言死　无能說虛妄　我亦為世父　救諸苦患者
為凡夫顛倒　實在而言滅　以常見我故　而生憍恣心
放逸著五欲　墮於惡道中　我常知衆生　行道不行道
隨應所可度　為說種種法　每自作是意　以何令衆生
得入无上道　速成就佛身

妙法蓮華經分別功德品苐十七

尒時大會聞佛說壽命劫數長遠如是　无量

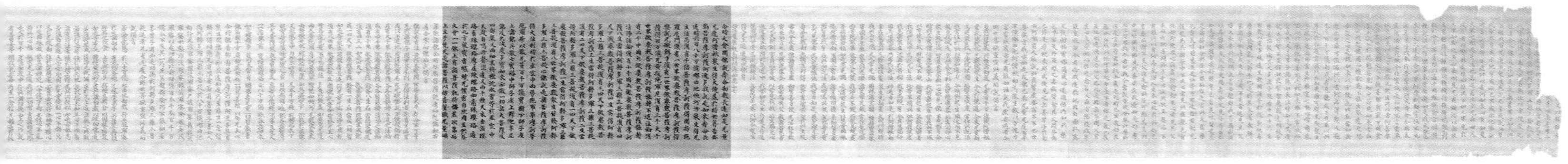

尒時大會聞佛説壽命刼數長遠如是无量
无邊阿僧祇衆生得大饒益於時世尊告弥
勒菩薩摩訶薩阿逸多我説是如來壽命長
遠時六百八十万億那由他恒河沙衆生得无
生法忍復有千倍菩薩摩訶薩得聞持陁
羅尼門復有一世界微塵數菩薩摩訶薩得
樂説无礙辯才復有一世界微塵數菩薩摩訶
薩得百万億无量旋陁羅尼復有三千大千
世界微塵數菩薩摩訶薩能轉不退法輪復
有二千中國土微塵數菩薩摩訶薩能轉
清淨法輪復有小千國土微塵數菩薩摩訶
薩八生當得阿耨多羅三藐三菩提復有四
天下微塵數菩薩摩訶薩四生當得阿耨
多羅三藐三菩提復有三四天下微塵數菩
薩摩訶薩三生當得阿耨多羅三藐三菩提

復有二四天下微塵數菩薩摩訶薩二生當
得阿耨多羅三藐三菩提復有一四天下微
塵數菩薩摩訶薩一生當得阿耨多羅三藐
三菩提復有八世界微塵數衆生皆發阿耨
多羅三藐三菩提心佛說是諸菩薩摩訶薩
得大法利時於虛空中雨曼陁羅華摩訶曼
陁羅華以散无量百千万億寶樹下師子座
上諸佛并散七寶塔中師子座上釋迦牟尼
佛及久滅度多寶如來亦散一切諸大菩薩及
四部衆又雨細末栴檀沈水香等於虛空中
天鼓自鳴妙聲深遠又雨千種天衣垂諸瓔
珞真珠瓔珞摩尼珠瓔珞如意珠瓔珞遍
於九方衆寶香鑪燒无價香自然周至供養
大會一一佛上有諸菩薩執持幡蓋次第而
上至于梵天是諸菩薩以妙音聲歌无量頌

上至于梵天是諸菩薩以妙音聲歌无量頌
讚歎諸佛尒時弥勒菩薩從座而起偏袒右
肩合掌向佛而説偈言
佛説希有法　昔所未曾聞　世尊有大力　壽命不可量
无數諸佛子　聞世尊分别　説得法利者　歡喜充遍身
或住不退地　或得陁羅尼　或无礙樂説　万億旋揔持
或有大千界　微塵數菩薩　各各皆能轉　不退之法輪
或有中千界　微塵數菩薩　各各皆能轉　清淨之法輪
復有小千界　微塵數菩薩　餘各八生在　當得成佛道
復有四三二　如是四天下　微塵數菩薩　隨數生成佛
或一四天下　微塵數菩薩　餘有一生在　當成一切智
如是等衆生　聞佛壽長遠　得无量无漏　清淨之果報
復有八世界　微塵數衆生　聞佛説壽命　皆發无上心
世尊説无量　不可思議法　多有所饒益　如虚空无邊
雨天曼陁羅　摩訶曼陁羅　釋梵如恒沙　无數佛土來

雨栴檀沈水　繽紛而亂墜　如鳥飛空下　供散於諸佛
天鼓虛空中　自然出妙聲　天衣千万種　旋轉而來下
衆寶妙香爐　燒无價之香　自然悉周遍　供養諸世尊
其大菩薩衆　執七寶幡蓋　高妙万億種　次第至梵天
一一諸佛前　寶幢懸勝幡　亦以千万偈　歌詠諸如來
如是種種事　昔所未曾有　聞佛壽无量　一切皆歡喜
佛名聞十方　廣饒益衆生　一切具善根　以助无上心
尒時佛告弥勒菩薩摩訶薩　阿逸多　其有
衆生聞佛壽命長遠如是　乃至能生一念信
解　所得功德无有限量　若有善男子善女人
為阿耨多羅三藐三菩提　於八十万億那由他
劫行五波羅蜜　檀波羅蜜　尸波羅蜜　羼提波
羅蜜　毗梨耶波羅蜜　禪波羅蜜　除般若波
羅蜜　以是功德比前功德　百分千分百千万
億分不及其一　乃至算數譬喻所不能知　若

羅蜜以是功德比前功德百分千分百千万
億分不及其一乃至筭數譬喻所不能知若
善男子有如是功德於阿耨多羅三藐三菩
提退者无有是處尒時世尊欲重宣此義而
說偈言
若人求佛慧　於八十万億　那由他劫數　行五波羅蜜
於是諸劫中　布施供養佛　及緣覺弟子　并諸菩薩衆
珎異之飲食　上服與卧具　栴檀立精舍　以園林莊嚴
如是等布施　種種皆微妙　盡此諸劫數　以迴向佛道
若復持禁戒　清淨无缺漏　求於无上道　諸佛之所歎
若復行忍辱　住於調柔地　設衆惡來加　其心不傾動
諸有得法者　懷於增上慢　為此所輕惱　如是亦能忍
若復勤精進　志念常堅固　於无量億劫　一心不懈息
又於无數劫　住於空閑處　若坐若經行　除睡常攝心
以是因緣故　能生諸禪定　八十億万劫　安住心不亂

持此一心福　願求无上道　我得一切智　盡諸禪定際
是人於百千　万億劫數中　行此諸功德　如上之所說
有善男女等　聞我說壽命　乃至一念信　其福過於彼
若人悉无有　一切諸疑悔　深心須臾信　其福爲如此
其有諸菩薩　无量劫行道　聞我說壽命　是則能信受
如是諸人等　頂受此經典　願我於未來　長壽度衆生
如今日世尊　諸釋中之王　道場師子吼　說法无所畏
我等未來世　一切所尊敬　坐於道場時　說壽亦如是
若有深心者　清淨而質直　多聞能總持　隨義解佛語
如是諸人等　於此无有疑
又阿逸多若有聞佛壽命長遠解其言趣是
人所得功德无有限量能起如來无上之慧何
況廣聞是經若教人聞若自持若教人持若
自書若教人書若以華香瓔珞幢幡繒蓋
香油蘇燈供養經卷是人功德无量无邊能

香油蘇燈供養經卷是人功德无量无邊能
生一切種智阿逸多若善男子善女人聞我
說壽命長遠深心信解則為見佛常在耆闍
崛山共大菩薩諸聲聞眾圍繞說法又見此
娑婆世界其地琉璃坦然平正閻浮檀金以
界八道寶樹行列諸臺樓觀皆悉寶成其
菩薩眾咸處其中若有能如是觀者當知
是為深信解相又復如來滅後若聞是經而
不毀呰起隨喜心當知已為深信解相何況讀誦
受持之者斯人則為頂戴如來阿逸多是善
男子善女人不須為我復起塔寺及作僧坊
以四事供養眾僧所以者何是善男子善女
人受持讀誦是經典者為已起塔造立僧坊
供養眾僧則為以佛舍利起七寶塔高廣漸
小至于梵天懸諸幡蓋及眾寶鈴華香瓔珞

末香塗香燒香衆鼓伎樂簫笛箜篌種種舞
戲以妙音聲歌唄讚頌則為已於无量千万億
劫作是供養已阿逸多若我滅後聞是經典
有能受持若自書若教人書則為起立僧坊
以赤栴檀作諸殿堂三十有二高八多羅樹
高廣嚴好百千比丘於其中止園林浴池經
行禪窟衣服飲食床褥湯藥一切樂具充滿
其中如是僧坊堂閣若干百千万億其數无
量以此現前供養於我及比丘僧是故我說如
来滅後若有受持讀誦為他人說若自書
若教人書供養經卷不須復起塔寺及造僧
坊供養衆僧況復有人能持是經兼行布施
持戒忍辱精進一心智慧其德最勝无量无
邊譬如虛空東西南北四維上下无量无邊
是人功德亦復如是无量无邊疾至一切種

是人功德亦復如是无量无邊疾至一切種
智若人讀誦受持是經為他人說若自書若
教人書復能起塔及造僧坊供養讚歎聲聞
衆僧亦以百千万億讚歎之法讚歎菩薩功
德又為他人種種因緣隨義解說此法華經
復能清淨持戒與柔和者而共同止忍辱无
瞋志念堅固常貴坐禪得諸深定精進勇
猛攝諸善法利根智慧善荅問難阿逸多若
我滅後諸善男子善女人受持讀誦是經典
者復有如是諸善功德當知是人已趣道場近
阿耨多羅三藐三菩提坐道樹下阿逸多是
善男子若坐若立若行處此中便應起塔
一切天人皆應供養如佛之塔尒時世尊欲
重宣此義而說偈言
若我滅度後　能奉持此經　斯人福无量　如上之所說

是則為具足　一切諸供養　以舍利起塔　七寶而莊嚴
表刹甚高廣　漸小至梵天　寶鈴千万億　風動出妙音
又於无量劫　而供養此塔　華香諸瓔珞　天衣衆伎樂
燃香油蘇燈　周帀常照明　惡世法末時　能持是經者
則為已如上　具足諸供養　若能持此經　則如佛現在
以牛頭栴檀　起僧坊供養　堂有三十二　高八多羅樹
上饌妙衣服　床卧皆具足　百千衆住處　園林諸〻池
經行及禪窟　種種皆嚴好　若有信解心　受持讀誦書
若復教人書　及供養經卷　散華香末香　以須曼瞻蔔
阿提目多伽　薰油常然之　如是供養者　得无量功德
如虚空无邊　其福亦如是　況復持此經　兼布施持戒
忍辱樂禪定　不瞋不惡口　恭敬於塔廟　謙下諸比丘
遠離自高心　常思惟智慧　有問難不瞋　隨順為解說
若能行是行　功德不可量　若見此法師　成就如是德
應以天華散　天衣覆其身　頭面接足禮　生心如佛想

應以天華散 天衣覆其身 頭面接足礼 生心如佛想
又應作是念 不久詣道樹 得无漏无為 廣利諸人天
其所住止處 經行若坐卧 乃至說一偈 是中應起塔
莊嚴令妙好 種種以供養 佛子住此地 則是佛受用
常在於其中 經行及坐卧

妙法蓮華經隨喜功德品第十八

尒時弥勒菩薩摩訶薩白佛言世尊若有善
男子善女人聞是法華經隨喜者得幾所福
而說偈言
世尊滅度後 其有聞是經 若能隨喜者 為得幾所福
尒時佛告弥勒菩薩摩訶薩阿逸多如來滅
後若比丘比丘尼優婆塞優婆夷及餘智者
若長若幼聞是經隨喜已從法會出至於餘
處若在僧坊若空閑地若城邑巷陌聚落田
里如其所聞為父母宗親善友知識隨力演

說是語人聞已隨喜復行轉教餘人聞已
亦隨喜轉教如是展轉至第五十阿逸多其
第五十善男子善女人隨喜功德我今說之
汝當善聽若四百万億阿僧祇世界六趣四
生衆生卵生胎生濕生化生若有形無形有
想無想非有想非無想無足二足四足多足如
是等在衆生數者有人求福隨其所欲娛樂
之具皆給與之一一衆生與生(滿)閻浮提金銀琉
璃車𤦲馬瑙珊瑚虎珀諸妙珎寶及象馬
車乘七寶所成宮殿樓閣等是大施主如
是布施滿八十年已而作是念我已施衆生
娛樂之具隨意所欲然此衆生皆已衰老年
過八十髮白面皺將死不久我當以佛法而訓
導之即集此衆生宣布法化示教利喜一
時皆得須陁洹道斯陁含道阿那含道阿羅

時皆得須陁洹道斯陁含道阿那含道阿羅
漢道盡諸有漏於深禪定皆得自在具八解脫
於汝意云何是大施主所得功德寧為多不
弥勒白佛言世尊是人功德甚多无量无邊
若是施主但施衆生一切樂具功德无量何
況令得阿羅漢果佛告弥勒我今分明語汝
是人以一切樂具施於四百万億阿僧祇世界
六趣衆生又令得阿羅漢果所得功德不如
是第五十人聞法華經一偈隨喜功德百分
千分百千万億分不及其一乃至筭數譬
喻所不能知阿逸多如是第五十人展轉聞
法華經隨喜功德尚无量无邊阿僧祇何
況最初於會中聞而隨喜者其福復勝无量
无邊阿僧祇不可得比又阿逸多若人為是
經故往詣僧坊若坐若立須臾聽受緣是

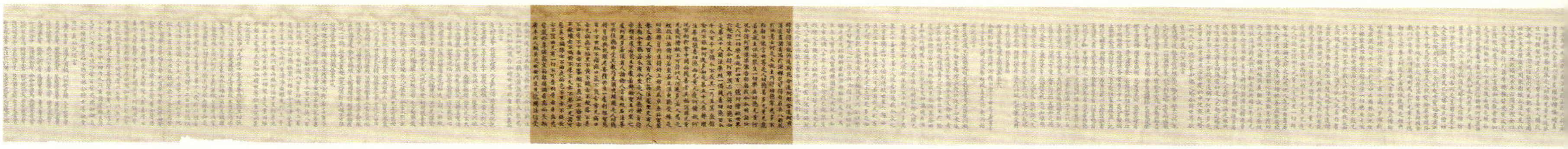

功德轉身所生得好上妙象馬車乘珍寶輦
轝及乘天宮若復有人於講法處坐更有人
來勸令坐聽若分座令坐是人功德轉身得
帝釋坐處若梵王坐處若轉輪聖王所坐之
處阿逸多若復有人語餘人言有經名法華
可共往聽即受其教乃至須臾聞是人功德
轉身得與陀羅尼菩薩共生一處利根智慧
百千万世終不瘖瘂口氣不臭舌常无病口
亦无病齒不垢黑不黃不踈亦不缺落不差
不曲脣不下垂亦不褰縮不麁澁不瘡緊亦
不缺壞亦不喎斜不厚不大亦不黧黑无諸可
惡鼻不匾㔸亦不曲戾面色不黑亦不狹長
亦不窊曲无有一切不可喜相脣舌牙齒悉
皆嚴好鼻脩高直面貌圓滿眉高而長額
廣平正人相具足世世所生見佛聞法信受

廣平正人相具足世世所生見佛聞法信受
教誨阿逸多汝且觀是勸扵一人令往聽法
功德如此何況一心聽說讀誦而扵大衆為
人分別如說脩行尒時世尊欲重宣此義而
說偈言
若人扵法會　得聞是經典　乃至扵一偈　隨喜為他說
如是展轉教　至于第五十　㝡後人獲福　今當分別之
如有大施主　供給无量衆　具滿八十歲　隨意之所欲
見彼衰老相　髮白而面皺　齒疏形枯竭　念其死不久
我今應當教　令得扵道果　即為方便說　涅槃真實法
世皆不牢固　如水沫泡焰　汝等咸應當　疾生猒離心
諸人聞是法　皆得阿羅漢　具足六神通　三明八解脫
㝡後第五十　聞一偈隨喜　是人福勝彼　不可為譬喻
如是展轉聞　其福尚无量　何況扵法會　初聞隨喜者
若有勸一人　將引聽法華　言此經深妙　千万劫難遇

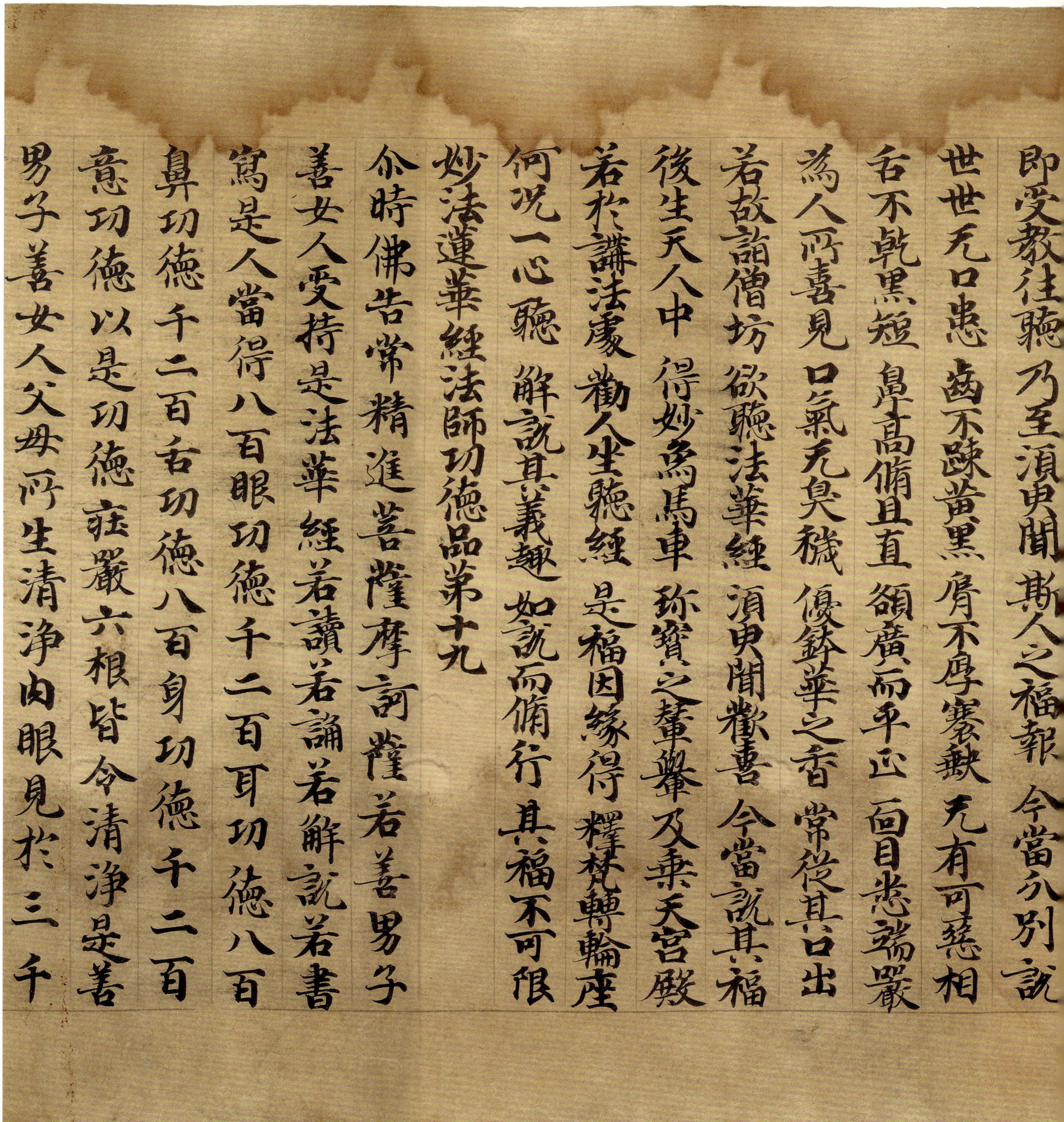

即受教往聽　乃至須臾間　斯人之福報　今當分別說
世世无口患　齒不踈黃黑　脣不厚褰缺　无有可惡相
舌不乾黑短　鼻高脩且直　額廣而平正　面目悉端嚴
為人所喜見　口氣无臭穢　優鉢華之香　常從其口出
若故詣僧坊　欲聽法華經　須臾聞歡喜　今當說其福
後生天人中　得妙象馬車　珎寶之輦轝　及乘天宮殿
若於講法處　勸人坐聽經　是福因緣得　釋梵轉輪座
何況一心聽　解說其義趣　如說而脩行　其福不可限

妙法蓮華經法師功德品第十九

尒時佛告常精進菩薩摩訶薩若善男子
善女人受持是法華經若讀若誦若解說若書
寫是人當得八百眼功德千二百耳功德八百
鼻功德千二百舌功德八百身功德千二百
意功德以是功德莊嚴六根皆令清淨是善
男子善女人父母所生清淨肉眼見於三千

BD00117　妙法蓮華經（八卷本）卷六

男子善女人父母所生清淨肉眼見於三千
大千世界内外所有山林河海下至阿鼻地
獄上至有頂亦見其中一切衆生及業因緣
果報生處悉見悉知尒時世尊欲重宣此義
而說偈言
若於大衆中　以无所畏心　說是法華經　汝聽其功德
是人得八百　功德殊勝眼　以是莊嚴故　其目甚清淨
父母所生眼　悉見三千界　内外弥樓山　須弥及鐵圍
并諸餘山林　大海江河水　下至阿鼻獄　上至有頂處
其中諸衆生　一切皆悉見　雖未得天眼　肉眼力如是
復次常精進若善男子善女人受持此經若
讀若誦若解說若書寫得千二百耳功德以
是清淨耳根聞三千大千世界下至阿鼻地
獄上至有頂其中内外種種語言音聲象聲

鈴聲咲聲語聲男聲女聲童子聲童女聲法
聲非法聲苦聲樂聲凡夫聲聖人聲喜聲不
喜聲天聲龍聲夜叉聲乹闥婆聲阿脩羅聲
迦樓羅聲緊那羅聲摩睺羅伽聲火聲水聲
風聲地獄聲畜生聲餓鬼聲比丘聲比丘尼
聲聲聞聲辟支佛聲菩薩聲佛聲以要言之
三千大千世界中一切内外所有諸聲雖未得
天耳以父母所生清淨常耳皆悉聞知如是
分別種種音聲而不壞耳根尒時世尊欲重
宣此義而說偈言
父母所生耳　清淨无濁穢　以此常耳聞　三千世界聲
象馬車牛聲　鍾鈴螺鼓聲　琴瑟箜篌聲　簫笛之音聲
清淨好歌聲　聽之而不著　无數種人聲　聞悉能解了
又聞諸天聲　微妙之歌音　及聞男女聲　童子童女聲
山川嶮谷中　迦陵頻伽聲　命命等諸鳥　悉聞其音聲

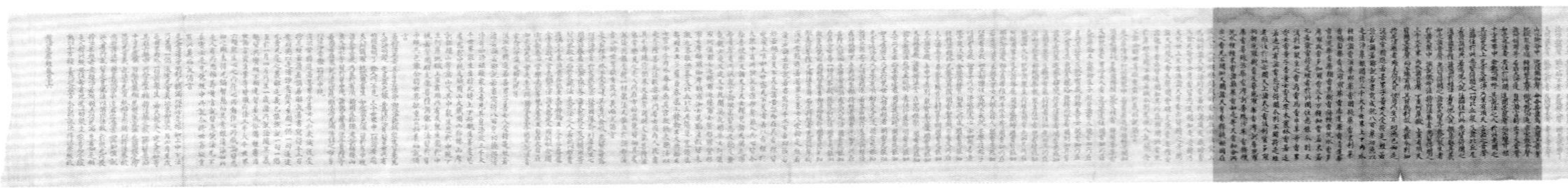

山川險谷中 迦陵頻伽聲 命命等諸鳥 悉聞其音聲
地獄衆苦痛 種種楚毒聲 餓鬼飢渴逼 求索飲食聲
諸阿脩羅等 居在大海邊 自共語言時 出于大音聲
如是說法者 安住於此間 遥聞是衆聲 而不壞耳根
十方世界中 禽獸鳴相呼 其說法之人 於此悉聞之
其諸梵天上 光音及遍淨 乃至有頂天 言語之音聲
法師住於此 悉皆得聞之 一切比丘衆 及諸比丘尼
若讀誦經典 若為他人說 法師住於此 悉皆得聞之
復有諸菩薩 讀誦於經法 若為他人說 撰集解其義
如是諸音聲 悉皆得聞之 諸佛大聖尊 教化衆生者
於諸大衆中 演說微妙法 持此法華者 悉皆得聞之
三千大千界 內外諸音聲 下至阿鼻獄 上至有頂天
皆聞其音聲 而不壞耳根 其耳聰利故 悉能分別知
持是法華者 雖未得天耳 但用所生耳 功德已如是
復次常精進若善男子善女人受持是經讀誦

讀若誦若解說若書寫成就八百鼻功德以
是清淨鼻根聞於三千大千世界上下內外
種種諸香須曼那華香闍提華香末利華
香瞻蔔華香波羅羅華香赤蓮華香青蓮華
香白蓮華香華樹香菓樹香旃檀香沈水香多
摩羅跋香多伽羅香及千万種和香若末若
丸若塗香持是經者於此閒住悉能分別又
復別知衆生之香象香馬香牛羊等香男
香女香童子香童女香及草木叢林香若近
若遠所有諸香悉皆得聞分別不錯持是經
者雖住於此亦聞天上諸天之香波利質多羅
拘鞞陁羅樹香及曼陁羅華香摩訶曼陁羅
華香曼殊沙華香摩訶曼殊沙華香旃檀
沈水種種末香諸雜華香如是等天香和合所
出之香无不聞知又聞諸天身香釋提桓因在

出之香无不聞知又聞諸天身香釋提桓因在
勝殿上五欲娛樂嬉戲時香若在妙法堂上
為忉利諸天說法時香若於諸園遊戲時香
及餘天等男女身香皆悉遥聞如是展轉乃
至梵世上至有頂諸天身香亦皆聞之并聞
諸天所燒之香及聲聞香辟支佛香菩薩香
諸佛身香亦皆遥聞知其所在雖聞此香然
於鼻根不壞不錯若欲分別為他人說憶念
不謬尒時世尊欲重宣此義而說偈言

是人鼻清淨　於此世界中　若香若臭物　種種悉聞知
須曼那闍提　多摩羅栴檀　沈水及桂香　種種華菓香
及知衆生香　男子女人香　說法者遠住　聞香知所在
大勢轉輪王　小轉輪及子　群臣諸宮人　聞香知所在
身所著珎寶　及地中寶藏　轉輪王寶女　聞香知所在
諸人嚴身具　衣服及瓔珞　種種所塗香　聞則知其身

諸天若行坐 遊戲及神變 持是法華者 聞香悉能知
諸樹華菓實 及穌油香氣 持經者住此 悉知其所在
諸山深嶮處 栴檀樹華敷 衆生在中者 聞香皆能知
鐵圍山大海 地中諸衆生 持經者聞香 悉知其所在
阿脩羅男女 及其諸眷屬 鬪諍遊戲時 聞香皆能知
曠野險隘處 師子象虎狼 野牛水牛等 聞香知所在
若有懷妊者 未辯其男女 无根及非人 聞香悉能知
以聞香力故 知其初懷妊 成就不成就 安樂產福子
以聞香力故 知男女所念 染欲癡恚心 亦知脩善者
地中衆伏藏 金銀諸珎寶 銅器之所盛 聞香悉能知
種種諸瓔珞 无能識其價 聞香知貴賤 出處及所在
天上諸華等 曼陁曼殊沙 波利質多樹 聞香悉能知
天上諸宮殿 上中下差別 衆寶華莊嚴 聞香悉能知
天園林勝殿 諸觀妙法堂 在中而娛樂 聞香悉能知
諸天若聽法 或受五欲時 來往行坐卧 聞香悉能知

諸天若聽法　或受五欲時　来往行坐卧　聞香悉能知
天女所著衣　好華香莊嚴　周遊旋戲時　聞香悉能知
如是展轉上　乃至於梵世　入禪出禪者　聞香悉能知
光音遍淨天　乃至于有頂　初生及退沒　聞香悉能知
諸比丘衆等　於法常精進　若坐若經行　及讀誦經法
或在林樹下　專精而坐禪　持經者聞香　悉知其所在
菩薩志堅固　坐禪若讀誦　或為人說法　聞香悉能知
在在方世尊　一切所恭敬　愍衆而說法　聞香悉能知
衆生在佛前　聞經皆歡喜　如法而脩行　聞香悉能知
雖未得菩薩　无漏法生鼻　而是持經者　先得此鼻相
復次常精進　若善男子善女人受持是經　若
讀若誦若解說若書寫　得千二百舌功德　若
好若醜　若美不美　及諸苦澁物　在其舌根　皆
變成上味　如天甘露　无不美者　若以舌根於
大衆中有所演說　出深妙聲　能入其心　皆令

歡喜快樂又諸天子天女釋梵諸天聞是深
妙音聲有所演說言論次第皆悉來聽及諸
龍龍女夜叉夜叉女乾闥婆乾闥婆女阿脩
羅阿脩羅女迦樓羅迦樓羅女緊那羅緊那
羅女摩睺羅伽摩睺羅伽女為聽法故皆來
親近恭敬供養及比丘比丘尼優婆塞優婆
夷國王王子羣臣眷屬小轉輪王大轉輪王
七寶千子內外眷屬乘其宮殿俱來聽法以
是菩薩善說法故婆羅門居士國內人民盡
其形壽隨侍供養又諸聲聞辟支佛菩薩諸
佛常樂見之是人所在方面諸佛皆向其處
說法悉能受持一切佛法又能出於深妙法
音尒時世尊欲重宣此義而說偈言
是人舌根淨　終不受惡味　其有所食噉　悉皆成甘露
以深淨妙音　於大衆說法　以諸因緣喻　引導衆生心
聞者皆歡喜　設諸上供養

以深淨妙音 於大衆說法 以諸因緣喻 引導衆生心
聞者皆歡喜 設諸上供養 諸天龍夜叉 及阿脩羅等
皆以恭敬心 而共來聽法 是說法之人 若欲以妙音
遍滿三千界 隨意即能至 大小轉輪王 及千子眷屬
合掌恭敬心 常來聽受法 諸天龍夜叉 羅剎毗舍闍
亦以歡喜心 常樂來供養 梵天王魔王 自在大自在
如是諸天衆 常來至其所 諸佛及弟子 聞其說法音
常念而守護 或時為現身
復次常精進 若善男子善女人受持是經 若
讀若誦若解說若書寫 得八百身功德 得清
淨身如淨琉璃 衆生憙見 其身淨故 三千大
千世界衆生 生時死時 上下好醜 生善處惡
處 悉於中現 及鐵圍山 大鐵圍山 弥樓山 摩
訶弥樓山等諸山 及其中衆生 悉於中現 下
至阿鼻地獄 上至有頂 所有及衆生 悉於中

現若聲聞辟支佛菩薩諸佛說法皆於身
中現其色像尒時世尊欲重宣此義而說偈
言
若持法華者　其身甚清淨　如彼淨瑠璃　衆生皆憙見
又如淨明鏡　悉見諸色像　菩薩於淨身　皆見世所有
唯獨自明了　餘人所不見　三千世界中　一切諸羣萌
天人阿脩羅　地獄鬼畜生　如是諸色像　皆於身中現
諸天等宮殿　乃至於有頂　鐵圍及弥樓　摩訶弥樓山
諸大海水等　皆於身中現　諸佛及聲聞　佛子菩薩等
若獨若在衆　說法悉皆現　雖未得无漏　法性之妙身
以清淨常體　一切於中現
復次常精進若善男子善女人如來滅後受
持是經若讀若誦若解說若書寫得千二百
意功德以是清淨意根乃至聞一偈一句通達
无量无邊之義解是義已能演說一句一偈

无量无邊之義解是義已能演說一句一偈
至於一月四月乃至一歲諸所說法隨其義
趣皆與實相不相違背若說俗間經書治
世語言資生業等皆順正法三千大千世界
六趣衆生心之所行心所動作心所戲論皆悉
知之雖未得无漏智慧而其意根清淨如此
是人有所思惟籌量言說皆是佛法无不
真實亦是先佛經中所說尒時世尊欲重
宣此義而說偈言
是人意清淨　明利无穢濁　以此妙意根　知上中下法
乃至聞一偈　通達无量義　次第如法說　月四月至歲
是世界內外　一切諸衆生　若天龍及人　夜叉鬼神等
其在六趣中　所念若干種　持法華之報　一時皆悉知
十方无數佛　百福莊嚴相　為衆生說法　悉聞能受持
思惟无量義　說法亦无量　終始不忘錯　以持法華故

悉知諸法相　隨義識次第　達名字語言　如所知演說
此人有所說　皆是先佛法　以演此法故　於衆无所畏
持法華經者　意根淨若斯　雖未得无漏　先有如是相
是人持此經　安住希有地　為一切衆生　歡喜而愛敬
能以千万種　善巧之語言　分別而說法　持法華經故

妙法蓮華經卷第六

# BD00118 妙法蓮華經卷一

（後秦）鳩摩羅什 譯

785.1cm × 26.2cm

界盡見彼土六趣衆生
及聞諸佛所說經法
優婆塞優婆夷諸脩
摩訶薩種種因緣
薩道復見諸佛般涅槃
後以佛舍利起七寶塔
念今者世尊現神變相
今佛世尊入于三昧是
當以問誰誰能荅者復作是
法王之子已曾親近供養過去无量
應見此希有之相我今當問尒時比丘
尼優婆塞優婆夷及諸天龍鬼神等咸作此
念是佛光明神通之相今當問誰尒時弥勒
菩薩欲自決疑又觀四衆比丘比丘尼優婆塞

塞優婆夷及諸天龍鬼神等衆會之心而問
文殊師利言以何因緣而有此瑞神通之相
放大光明照于東方万八千土悉見彼佛國
界莊嚴於是弥勒菩薩欲重宣此義以偈問
曰
文殊師利　導師何故　眉間白豪　大光普照
雨曼陁羅　曼殊沙華　栴檀香風　悅可衆心
以是因緣　地皆嚴淨　而此世界　六種震動
時四部衆　咸皆歡喜　身意快然　得未曾有
眉間光明　照于東方　万八千土　皆如金色
從阿鼻獄　上至有頂　諸世界中　六道衆生
生死所趣　善惡業緣　受報好醜　於此悉見
又覩諸佛　聖主師子　演說經典　微妙第一
其聲清淨　出柔軟音　教諸菩薩　无數億万
梵音深妙　令人樂聞　各於世界　講說正法

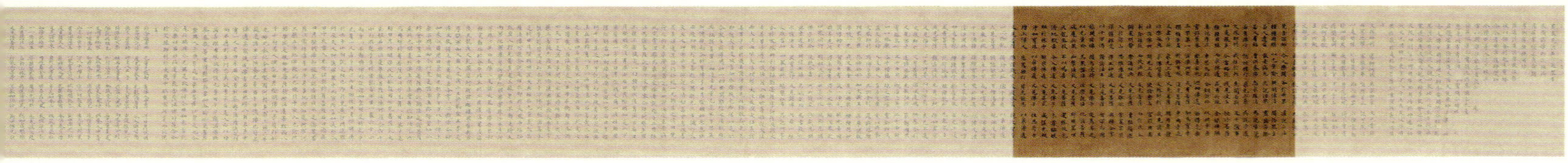

其聲清淨　出柔軟音　教諸菩薩　无數億万
梵音深妙　令人樂聞　各於世界　講說正法
種種因緣　以无量喻　照明佛法　開悟衆生
若人遭苦　猒老病死　為說涅槃　盡諸苦際
若人有福　曾供養佛　志求勝法　為說緣覺
若有佛子　脩種種行　求无上慧　為說淨道
文殊師利　我住於此　見聞若斯　及千億事
如是衆多　今當略說　我見彼土　恒沙菩薩
種種因緣　而求佛道　或有行施　金銀珊瑚
真珠摩尼　車𤦲馬瑙　金剛諸珍　奴婢車乘
寶飾輦轝　歡喜布施　迴向佛道　願得是乘
三界第一　諸佛所歎　或有菩薩　駟馬寶車
欄楯華蓋　軒飾布施　復見菩薩　身肉手足
及妻子施　求无上道　又見菩薩　頭目身體
欣樂施與　求佛智慧　文殊師利　我見諸王

往詣佛所　問无上道　便捨樂土　宮殿臣妾
剃除鬚髮　而被法服　或見菩薩　而作比丘
獨處閑靜　樂誦經典　又見菩薩　勇猛精進
入於深山　思惟佛道　又見離欲　常處空閑
深脩禪定　得五神通　又見菩薩　安禪合掌
以千万偈　讚諸法王　復見菩薩　智深志固
能問諸佛　聞悉受持　又見佛子　定慧具足
以无量喻　為衆講法　欣樂說法　化諸菩薩
破魔兵衆　而擊法鼓　又見菩薩　寂然宴嘿
天龍恭敬　不以為喜　又見菩薩　處林放光
濟地獄苦　令入佛道　又見佛子　未嘗睡眠
經行林中　勤求佛道　又見具戒　威儀无缺
淨如寶珠　以求佛道　又見佛子　住忍辱力
增上慢人　惡罵捶打　皆悉能忍　以求佛道
又見菩薩　離諸戲笑　及癡眷屬　親近智者

淨如寶珠　以求佛道　又見佛子　住忍辱力
增上慢人　惡罵捶打　皆悉能忍　以求佛道
又見菩薩　離諸戲咲　及癡眷屬　親近智者
一心除亂　攝念山林　億千万歲　以求佛道
或見菩薩　餚饍飲食　百種湯藥　施佛及僧
名衣上服　價直千万　或无價衣　施佛及僧
千万億種　栴檀寶舍　衆妙臥具　施佛及僧
清淨園林　華菓茂盛　流泉浴池　施佛及僧
如是等施　種種微妙　歡喜无猒　求无上道
或有菩薩　說寂滅法　種種教詔　无數衆生
或見菩薩　觀諸法性　无有二相　猶如虛空
又見佛子　心无所著　以此妙慧　求无上道
文殊師利　又有菩薩　佛滅度後　供養舍利
又見佛子　造諸塔廟　无數恒沙　嚴飾國界
寶塔高妙　五千由旬　縱廣正等　二千由旬

一一塔廟　各千幢幡　珠交露幔　寶鈴和鳴
諸天龍神　人及非人　香華伎樂　常以供養
文殊師利　諸佛子等　為供舍利　嚴飾塔廟
國界自然　殊特妙好　如天樹王　其華開敷
佛放一光　我及衆會　見此國界　種種殊妙
諸佛神力　智慧希有　放一淨光　照无量國
我等見此　得未曾有　佛子文殊　願決衆疑
四衆欣仰　瞻仁及我　世尊何故　放斯光明
佛子時答　決疑令喜　何所饒益　演斯光明
佛坐道場　所得妙法　為欲說此　為當授記
示諸佛土　衆寶嚴淨　及見諸佛　此非小緣
文殊當知　四衆龍神　瞻察仁者　為說何等
尒時文殊師利語弥勒菩薩摩訶薩及諸大
士善男子等如我惟忖今佛世尊欲說大法
雨大法雨吹大法螺擊大法鼓演大法義諸

士善男子等如我惟忖今佛世尊欲說大法
雨大法雨吹大法螺擊大法鼓演大法義諸
善男子我於過去諸佛曾見此瑞放斯光已
即說大法是故當知今佛現光亦復如是欲
令衆生咸得聞知一切世間難信之法故現
斯瑞諸善男子如過去无量无邊不可思議
阿僧祇劫尒時有佛号日月燈明如來應供
正遍知明行足善逝世間解无上士調御丈
夫天人師佛世尊演說正法初善中善後善
其義深遠其語巧妙純一无雜具足清白梵
行之相為求聲聞者說應四諦法度生老病
死究竟涅槃為求辟支佛者說應十二因緣
法為諸菩薩說應六波羅蜜令得阿耨多羅
三藐三菩提成一切種智次復有佛亦名曰
月燈明次復有佛亦名日月燈明如是二万

佛皆同一字号日月燈明又同一姓姓頗羅
墮弥勒當知初佛後佛皆同一字名日月燈
明十号具足所可說法初中後善其最後佛
未出家時有八子一名有意二名善意三名
无量意四名寶意五名增意六名除疑意七
名響意八名法意是八王子威德自在各領
四天下是諸王子聞父出家得阿耨多羅三
藐三菩提悉捨王位亦隨出家發大乘意常
脩梵行皆為法師已於千万佛所植諸善本
是時日月燈明佛說大乘經名无量義教菩
薩法佛所護念說是經已即於大衆中結跏
趺坐入於无量義處三昧身心不動是時天
雨曼陀羅華摩訶曼陀羅華曼殊沙華摩訶
曼殊沙華而散佛上及諸大衆普佛世界六
種震動尒時會中比丘比丘尼優婆塞優婆

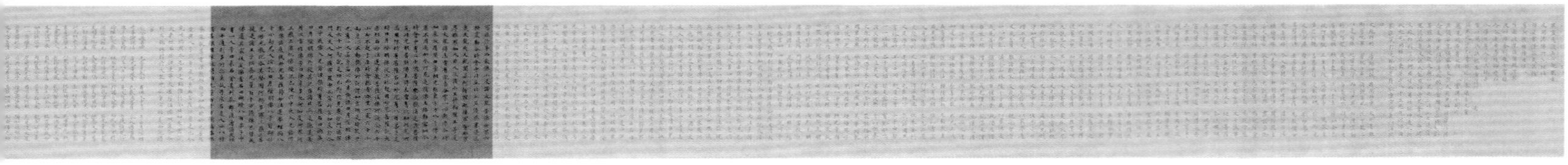

曼殊沙華而散佛上及諸大衆普佛世界六
種震動尒時會中比丘比丘尼優婆塞優婆
夷天龍夜叉乹闥婆阿脩羅迦樓羅緊那羅
摩睺羅伽人非人及諸小王轉輪聖王等是
諸大衆得未曾有歡喜合掌一心觀佛尒時
如来放眉間白豪相光照東方万八千佛土
靡不周遍如今所見是諸佛土弥勒當知尒
時會中有二十億菩薩樂欲聽法是諸菩薩
見此光明普照佛土得未曾有欲知此光所
為因緣時有菩薩名曰妙光有八百弟子是
時日月燈明佛從三昧起因妙光菩薩說大
乘經名妙法蓮華教菩薩法佛所護念六十
小劫不起于座時會聽者亦坐一處六十小
劫身心不動聽佛所說謂如食頃是時衆中

无有一人若身若心而生懈惓日月燈明佛
於六十小劫說是經已即於梵魔沙門婆羅
門及天人阿脩羅衆中而宣此言如來於今
日中夜當入无餘涅槃時有菩薩名曰德藏
日月燈明佛即授其記告諸比丘是德藏菩
薩次當作佛号曰淨身多陁阿伽度阿羅訶
三藐三佛陁佛授記已便於中夜入无餘涅
槃佛滅度後妙光菩薩持妙法蓮華經滿八
十小劫為人演說日月燈明佛八子皆師妙
光妙光教化令其堅固阿耨多羅三藐三菩
提是諸王子供養无量百千万億佛已皆成
佛道其最後成佛者名曰燃燈八百弟子中
有一人号曰求名貪著利養雖復讀誦衆經
而不通利多所忘失故号求名是人亦以種
諸善根因緣故得值无量百千万億諸佛供

如我所說法　唯汝能證知　世尊既讚歎　令妙光歡喜
說是法華經　滿六十小劫　不起於此座　所說上妙法
是妙光法師　悉皆能受持　佛說是法華　令衆歡喜已
尋即於是日　告於天人衆　諸法實相義　已為汝等說
我今於中夜　當入於涅槃　汝一心精進　當離於放逸
諸佛甚難值　億劫時一遇　世尊諸子等　聞佛入涅槃
各各懷悲惱　佛滅一何速　聖主法之王　安慰无量衆
我若滅度時　汝等勿憂怖　是德藏菩薩　於无漏實相
心已得通達　其次當作佛　号曰為淨身　亦度无量衆
佛此夜滅度　如薪盡火滅　分布諸舍利　而起无量塔
比丘比丘尼　其數如恒沙　倍復加精進　以求无上道
是妙光法師　奉持佛法藏　八十小劫中　廣宣法華經
是諸八王子　妙光所開化　堅固无上道　當見无數佛
供養諸佛已　隨順行大道　相繼得成佛　轉次而受記

最後天中天　号曰燃燈佛　諸仙之導師　度脱无量衆
是妙光法師　時有一弟子　心常懷懈怠　貪著於名利
求名利无猒　多遊族姓家　棄捨所習誦　廢忘不通利
以是因緣故　号之為求名　亦行衆善業　得見无數佛
供養於諸佛　随順行大道　具六波羅蜜　今見釋師子
其後當作佛　号名曰弥勒　廣度諸衆生　其數无有量
彼佛滅度後　懈怠者汝是　妙光法師者　今則我身是
我見燈明佛　本光瑞如此　以是知今佛　欲說法華經
今相如本瑞　是諸佛方便　今佛放光明　助發實相義
諸人今當知　合掌一心待　佛當雨法雨　充足求道者
諸求三乘人　若有疑悔者　佛當為除斷　令盡无有餘

妙法蓮華經方便品第二

尒時世尊從三昧安詳而起告舍利弗諸佛
智慧甚深无量其智慧門難解難入一切聲
聞辟支佛所不能知所以者何佛曾親近百

智慧甚深无量其智慧門難解難入一切聲
聞辟支佛所不能知所以者何佛曾親近百
千万億无數諸佛盡行諸佛无量道法勇猛
精進名稱普聞成就甚深未曾有法隨宜所
說意趣難解舍利弗吾從成佛已來種種因
緣種種譬喻廣演言教无數方便引導衆生
令離諸著所以者何如來方便知見波羅蜜
皆已具足舍利弗如來知見廣大深遠无量
无礙力无所畏禪定解脫三昧深入无際成
就一切未曾有法舍利弗如來能種種分別
巧說諸法言辭柔軟悅可衆心舍利弗取要
言之无量无邊未曾有法佛悉成就止舍利
弗不須復說所以者何佛所成就第一希有
難解之法唯佛與佛乃能究盡諸法實相所
謂諸法如是相如是性如是體如是力如是

作如是因如是緣如是果如是報如是本末
究竟等尒時世尊欲重宣此義而說偈言
世雄不可量　諸天及世人　一切衆生類　无能知佛者
佛力无所畏　解脫諸三昧　及佛諸餘法　无能測量者
本從无數佛　具足行諸道　甚深微妙法　難見難可了
扵无量億劫　行此諸道已　道場得成果　我已悉知見
如是大果報　種種性相義　我及十方佛　乃能知是事
是法不可示　言辭相寂滅　諸餘衆生類　无有能得解
除諸菩薩衆　信力堅固者　諸佛弟子衆　曾供養諸佛
一切漏已盡　住是冣後身　如是諸人等　其力所不堪
假使滿世間　皆如舍利弗　盡思共度量　不能測佛智
正使滿十方　皆如舍利弗　及餘諸弟子　亦滿十方剎
盡思共度量　亦復不能知　辟支佛利智　无漏冣後身
亦滿十方界　其數如竹林　斯等共一心　於億无量劫
欲思佛實智　莫能知少分　新發意菩薩　供養无數佛

欲思佛實智　莫能知少分　新發意菩薩　供養无數佛
了達諸義趣　又能善說法　如稻麻竹葦　充滿十方剎
一心以妙智　於恒河沙劫　咸皆共思量　不能知佛智
不退諸菩薩　其數如恒沙　一心共思求　亦復不能知
又告舍利弗　无漏不思議　甚深微妙法　我今已具得
唯我知是相　十方佛亦然　舍利弗當知　諸佛語无異
於佛所說法　當生大信力　世尊法久後　要當說真實
告諸聲聞衆　及求緣覺乘　我令脫苦縛　逮得涅槃者
佛以方便力　示以三乘教　衆生處處著　引之令得出
尒時大衆中有諸聲聞漏盡阿羅漢阿若憍
陳如等千二百人及發聲聞辟支佛心比丘
比丘尼優婆塞優婆夷各作是念今者世尊
何故慇懃稱歎方便而作是言佛所得法甚
深難解有所言說意趣難知一切聲聞辟支

佛所不能及佛說一解脫義我等亦得此法

到於涅槃而今不知是義所趣尒時舍利弗

知四衆心疑自亦未了而白佛言世尊何因

何緣慇勤稱歎諸佛第一方便甚深微妙難

解之法我自昔来未曾從佛聞如是說今者

四衆咸皆有疑唯願世尊敷演斯事世尊何

故慇勤稱歎甚深微妙難解之法尒時舍利

弗欲重宣此義而說偈言

慧日大聖尊　久乃說是法　自說得如是　力无畏三昧

禪定解脫等　不可思議法　道場所得法　无能發問者

我意難可測　亦无能問者　无問而自說　稱歎所行道

智慧甚微妙　諸佛之所得　无漏諸羅漢　及求涅槃者

今皆墮疑網　佛何故說是　其求緣覺者　比丘比丘尼

諸天龍鬼神　及乾闥婆等　相視懷猶豫　瞻仰兩足尊

是事為云何　願佛為解說　於諸聲聞衆　佛說我第一

諸天龍鬼神　及乾闥婆等　相視懷猶豫　瞻仰兩足尊
是事為云何　願佛為解說　於諸聲聞眾　佛說我第一
我今自於智　疑惑不能了　為是究竟法　為是所行道
佛口所生子　合掌瞻仰待　願出微妙音　時為如實說
諸天龍神等　其數如恒沙　求佛諸菩薩　大數有八万
又諸万億國　轉輪聖王至　合掌以敬心　欲聞具足道
尒時佛告舍利弗止止不須復說若說是事
一切世間諸天及人皆當驚疑舍利弗重白
佛言世尊唯願說之唯願說之所以者何是
會无數百千万億阿僧祇眾生曾見諸佛諸
根猛利智慧明了聞佛所說則能敬信尒時
舍利弗欲重宣此義而說偈言
法王无上尊　唯說願勿慮　是會无量眾　有能敬信者
佛復止舍利弗若說是事一切世間天人阿
脩羅皆當驚疑增上慢比丘將墜於大坑尒

時世尊重說偈言
止止不須說　我法妙難思　諸增上慢者　聞必不敬信
尒時舍利弗重白佛言世尊唯願說之唯願
說之今此會中如我等比百千万億世世已
曾從佛受化如此人等必能敬信長夜安隱
多所饒益尒時舍利弗欲重宣此義而說偈
言
无上兩足尊　願說第一法　我為佛長子　唯垂分別說
是會无量衆　能敬信此法　佛已曾世世　教化如是等
皆一心合掌　欲聽受佛語　我等千二百　及餘求佛者
願為此衆故　唯垂分別說　是等聞此法　則生大歡喜
尒時世尊告舍利弗汝已慇勤三請豈得不
說汝今諦聽善思念之吾當為汝分別解說
說此語時會中有比丘比丘尼優婆塞優婆

說汝今諦聽善思念之吾當為汝分別解說
說此語時會中有比丘比丘尼優婆塞優婆
夷五千人等即從座起礼佛而退所以者何
此輩罪根深重及增上慢未得謂得未證謂
證有如此失是以不住世尊嘿然而不制止
尒時佛告舍利弗我今此眾无復枝葉純有
貞實舍利弗如是增上慢人退亦佳矣汝今
善聽當為汝說舍利弗言唯然世尊願樂欲
聞佛告舍利弗如是妙法諸佛如來時乃說
之如優曇鉢華時一現耳舍利弗汝等當信
佛之所說言不虛妄舍利弗諸佛隨宜說法
意趣難解所以者何我以无數方便種種因
緣譬喻言辭演說諸法是法非思量分別之
所能解唯有諸佛乃能知之所以者何諸佛
世尊唯以一大事因緣故出見於世舍利弗

云何名諸佛世尊唯以一大事因緣故出現
於世諸佛世尊欲令衆生開佛知見使得清
淨故出現於世欲示衆生佛知見故出現於
世欲令衆生悟佛知見故出現於世欲令衆
生入佛知見道故出現於世舍利弗是為諸
佛以一大事因緣故出現於世佛告舍利弗
諸佛如来但教化菩薩諸有所作常為一事
唯以佛之知見示悟衆生舍利弗如来但以
一佛乘故為衆生説法无有餘乘若二若三
舍利弗一切十方諸佛法亦如是舍利弗過
去諸佛以无量无數方便種種因緣譬喻言
辞而為衆生演説諸法是法皆為一佛乘故
是諸衆生從諸佛聞法究竟皆得一佛種智
舍利弗未来諸佛當出於世亦以无量无數
方便種種因緣譬喻言辞而為衆生演説諸

[illegible]
舍利弗未来諸佛當出於世亦以无量无數
方便種種因緣譬喻言辭而爲衆生演說諸
法是法皆爲一佛乘故是諸衆生從佛聞法
究竟皆得一切種智舍利弗現在十方无量
百千万億佛土中諸佛世尊多所饒益安樂
衆生是諸佛亦以无量无數方便種種因緣
譬喻言辭而爲衆生演說諸法是法皆爲一
佛乘故是諸衆生從佛聞法究竟皆得一切
種智舍利弗是諸佛但教化菩薩欲以佛之
知見示衆生故欲以佛之知見悟衆生故欲
令衆生入佛之知見故舍利弗我今亦復如
是知諸衆生有種種欲深心所著隨其本性
以種種因緣譬喻言辭方便力故而爲說法
舍利弗如此皆爲得一佛乘一切種智故舍

利弗十方世界中尚无二乘何况有三舍利
弗諸佛出於五濁惡世所謂劫濁煩惱濁衆
生濁見濁命濁如是舍利弗劫濁亂時衆生
垢重慳貪嫉妬成就諸不善根故諸佛以方
便力於一佛乘分別說三舍利弗若我弟子
自謂阿羅漢辟支佛者不聞不知諸佛如來
但教化菩薩事此非佛弟子非阿羅漢非辟
支佛又舍利弗是諸比丘比丘尼自謂已得
阿羅漢是最後身究竟涅槃便不復志求阿
耨多羅三藐三菩提當知此輩皆是增上慢
人所以者何若有比丘實得阿羅漢若不信
此法无有是處除佛滅度後現前无佛所以
者何佛滅度後如是等經受持讀誦解義者
是人難得若遇餘佛於此法中便得決了舍
利弗汝等當一心信解受持佛語諸佛如來

者何佛滅度後如是等經受持讀誦解義者
是人難得若遇餘佛於此法中便得決了舍
利弗汝等當一心信解受持佛語諸佛如来
言无虛妄无有餘乘唯一佛乘尒時世尊欲
重宣此義而說偈言

比丘比丘尼　有懷增上慢　優婆塞我慢　優婆夷不信
如是四眾等　其數有五千　不自見其過　於戒有缺漏
護惜其瑕疵　是小智已出　眾中之糟糠　佛威德故去
斯人尠福德　不堪受是法　此眾无枝葉　唯有諸貞實
舍利弗善聽　諸佛所得法　无量方便力　而為眾生說
眾生心所念　種種所行道　若干諸欲性　先世善惡業
佛悉知是已　以諸緣譬喻　言辭方便力　令一切歡喜
或說修多羅　伽陀及本事　本生未曾有　亦說於因緣
譬喻并祇夜　優波提舍經　鈍根樂小法　貪著於生死
於諸无量佛　不行深妙道　眾苦所惱亂　為是說涅槃

我設是方便　令得入佛慧　未曾說汝等　當得成佛道
所以未曾說　說時未至故　今正是其時　決定說大乘
我此九部法　隨順衆生說　入大乘為本　以故說是經
有佛子心淨　柔軟亦利根　无量諸佛所　而行深妙道
為此諸佛子　說是大乘經　我記如是人　来世成佛道
以深心念佛　脩持淨戒故　此等聞得佛　大喜充遍身
佛知彼心行　故為說大乘　聲聞若菩薩　聞我所說法
乃至於一偈　皆成佛无疑　十方佛土中　唯有一乘法
无二亦无三　除佛方便說　但以假名字　引導於衆生
說佛智慧故　諸佛出於世　唯此一事實　餘二則非真
終不以小乘　濟度於衆生　佛自住大乘　如其所得法
定慧力庄嚴　以此度衆生　自證无上道　大乘平等法
若以小乘化　乃至於一人　我則墮慳貪　此事為不可
若人信歸佛　如来不欺誑　亦无貪嫉意　斷諸法中惡
故佛於十方　而獨无所畏　我以相嚴身　光明照世間

若以小乘化　乃至於一人　我則墮慳貪　此事為不可
若人信歸佛　如來不欺誑　亦无貪嫉意　斷諸法中惡
故佛於十方　而獨无所畏　我以相嚴身　光明照世間
无量衆所尊　為說實相印　舍利弗當知　我本立誓願
欲令一切衆　如我等无異　如我昔所願　今者已滿足
化一切衆生　皆令入佛道　若我遇衆生　盡教以佛道
无智者錯亂　迷惑不受教　我知此衆生　未曾脩善本
堅著於五欲　癡愛故生惱　以諸欲因緣　墜墮三惡道
輪迴六趣中　備受諸苦毒　受胎之微形　世世常增長
薄德少福人　衆苦所逼迫　入邪見稠林　若有若无等
依止此諸見　具足六十二　深著虛妄法　堅受不可捨
我慢自矜高　諂曲心不實　於千万億劫　不聞佛名字
亦不聞正法　如是人難度　是故舍利弗　我為設方便
說諸盡苦道　示之以涅槃　我雖說涅槃　是亦非真滅
諸法從本來　常自寂滅相　佛子行道已　來世得作佛

我有方便力　開示三乘法　一切諸世尊　皆說一乘道
今此諸大衆　皆應除疑惑　諸佛語无異　唯一无二乘
過去无數劫　无量滅度佛　百千万億種　其數不可量
如是諸世尊　種種緣譬喻　无數方便力　演說諸法相
是諸世尊等　皆說一乘法　化无量衆生　令入於佛道
又諸大聖主　知一切世間　天人羣生類　深心之所欲
更以異方便　助顯第一義　若有衆生類　值諸過去佛
若聞法布施　或持戒忍辱　精進禪智等　種種脩福德
如是諸人等　皆已成佛道　諸佛滅度已　若人善軟心
如是諸衆生　皆已成佛道　諸佛滅度已　供養舍利者
起万億種塔　金銀及頗梨　車𤦲與馬瑙　玫瑰琉璃珠
清淨廣嚴飾　莊挍於諸塔　或有起石廟　栴檀及沈水
木櫁并餘材　塼瓦泥土等　若於曠野中　積土成佛廟
乃至童子戲　聚沙為佛塔　如是諸人等　皆已成佛道

木櫁并餘材　甎瓦泥土等　若於曠野中　積土成佛廟
乃至童子戲　聚沙為佛塔　如是諸人等　皆已成佛道
若人為佛故　建立諸形像　刻雕成眾相　皆已成佛道
或以七寶成　鍮石赤白銅　白鑞及鉛錫　鐵木及與泥
或以膠漆布　嚴飾作佛像　如是諸人等　皆已成佛道
彩畫作佛像　百福莊嚴相　自作若使人　皆已成佛道
乃至童子戲　若草木及筆　或以指爪甲　而畫作佛像
如是諸人等　漸漸積功德　具足大悲心　皆已成佛道
但化諸菩薩　度脫无量眾　若人於塔廟　寶像及畫像
以華香幡蓋　敬心而供養　若使人作樂　擊鼓吹角貝
簫笛琴箜篌　琵琶鐃銅鈸　如是眾妙音　盡持以供養
或以歡喜心　歌唄頌佛德　乃至一小音　皆已成佛道
若人散亂心　乃至以一華　供養於畫像　漸見无數佛
或有人礼拜　或復但合掌　乃至舉一手　或復小低頭
以此供養像　漸見无量佛　自成无上道　廣度无數眾

入无餘涅槃　如薪盡火滅　若人散亂心　入於塔廟中
一稱南无佛　皆已成佛道　於諸過去佛　在世或滅後
若有聞是法　皆已成佛道　未來諸世尊　其數无有量
是諸如來等　亦方便說法　一切諸如來　以无量方便
度脫諸衆生　入佛无漏智　若有聞法者　无一不成佛
諸佛本誓願　我所行佛道　普欲令衆生　亦同得此道
未來世諸佛　雖說百千億　无數諸法門　其實為一乘
諸佛兩足尊　知法常无性　佛種從緣起　是故說一乘
是法住法位　世間相常住　於道場知已　導師方便說
天人所供養　現在十方佛　其數如恒沙　出現於世間
安隱衆生故　亦說如是法　知第一寂滅　以方便力故
雖示種種道　其實為佛乘　知衆生諸行　深心之所念
過去所習業　欲性精進力　及諸根利鈍　以種種因緣
辟喻亦言辭　隨應方便說　今我亦如是　安隱衆生故

譬喻亦言辭　隨應方便説　今我亦如是　安隱衆生故
以種種法門　宣示於佛道　我以智慧力　知衆生性欲
方便説諸法　皆令得歡喜　舍利弗當知　我以佛眼觀
見六道衆生　貧窮无福慧　入生死險道　相續苦不斷
深著於五欲　如犛牛愛尾　以貪愛自蔽　盲瞑无所見
不求大勢佛　及與斷苦法　深入諸邪見　以苦欲捨苦
為是衆生故　而起大悲心　我始坐道場　觀樹亦經行
於三七日中　思惟如是事　我所得智慧　微妙最第一
衆生諸根鈍　著樂癡所盲　如斯之等類　云何而可度
尒時諸梵王　及諸天帝釋　護世四天王　及大自在天
并餘諸天衆　眷屬百千万　恭敬合掌礼　請我轉法輪
我即自思惟　若但讚佛乘　衆生没在苦　不能信是法
破法不信故　墜於三惡道　我寧不説法　疾入於涅槃
尋念過去佛　所行方便力　我今所得道　亦應説三乘
作是思惟時　十方佛皆現　梵音慰喻我　善哉釋迦文

第一之導師 得是无上法 隨諸一切佛 亦用方便力
我等亦皆得 㝡妙第一法 為諸衆生類 分別說三乘
少智樂小法 不自信作佛 是故以方便 分別說諸果
雖復說三乘 但為教菩薩 舍利弗當知 我聞聖師子
深淨微妙音 喜稱南无佛 復作如是念 我出濁惡世
如諸佛所說 我亦隨順行 思惟是事已 即趣波羅柰
諸法寂滅相 不可以言宣 以方便力故 為五比丘說
是名轉法輪 便有涅槃音 及以阿羅漢 法僧差別名
從久遠劫來 讚示涅槃法 生死苦永盡 我常如是說
舍利弗當知 我見佛子等 志求佛道者 无量千万億
咸以恭敬心 皆來至佛所 曾從諸佛聞 方便所說法
我即作是念 所以出於世 為說佛慧故 今正是其時
舍利弗當知 鈍根小智人 著相憍慢者 不能信是法
今我喜无畏 於諸菩薩中 正直捨方便 但說无上道
菩薩聞是法 疑網皆已除 千二百羅漢 悉亦當作佛

舍利弗當知 鈍根小智人 著相憍慢者 不能信是法
今我喜无畏 於諸菩薩中 正直捨方便 但說无上道
菩薩聞是法 疑網皆已除 千二百羅漢 悉亦當作佛
如三世諸佛 說法之儀式 我今亦如是 說无分別法
諸佛興出世 懸遠值遇難 正使出于世 說是法復難
无量无數劫 聞是法亦難 能聽是法者 斯人亦復難
譬如優曇華 一切皆愛樂 天人所希有 時時乃一出
聞法歡喜讚 乃至發一言 則為已供養 一切三世佛
是人甚希有 過於優曇華 汝等勿有疑 我為諸法王
普告諸大眾 但以一乘道 教化諸菩薩 无聲聞弟子
汝等舍利弗 聲聞及菩薩 當知是妙法 諸佛之秘要
以五濁惡世 但樂著諸欲 如是等眾生 終不求佛道
當來世惡人 聞佛說一乘 迷惑不信受 破法墮惡道
有慚愧清淨 志求佛道者 當為如是等 廣讚一乘道
舍利弗當知 諸佛法如是 以萬億方便 隨宜而說法

其不習學者　不能曉了此　汝等既已知　諸佛世之師

随宜方便事　无復諸疑惑　心生大歡喜　自知當作佛

妙法蓮華經卷第一

BD00119　天請問經疏

417.1cm × 27.5cm

經曰

戒常醜隨　述曰此卷世即次第卷ム

卷第一聞儉約為少耽嗜名欲世間耽嗜唯廣

愚情速即私懷尋生追戀苦惱切心仏法反倍貴尚无為

少欲少求寂為安樂又經云少欲之人則無諂曲以求人意直

尒少欲之　悉備非何況能生諸功德有少欲者則有涅槃

槃之衆〻中之寂如此寂樂因少欲得因舍果說故言少欲

寂安樂世知足大富貴者卷第二聞世間凡愚雖得富貴貪

求轉甚常懷不足知足之人无為无事无可藏寂常自

有餘故大富貴經云知足之人雖卧地上猶為安樂不知

足者雖處天堂亦不稱意如頂生王等即是其事又云不

知足者雖富而貧知足之人雖貧而富故言知足大富貴也

持戒具端嚴者卷第三聞持戒之人尸羅清淨近得人天

可憙妙相莊持三乘端嚴法身故言持戒恒端嚴也如優
陀羨王有相夫人持一日戒其夜命終即生天上得端正身依
王先契還下報王嬿王身見却歸天上即是其事破戒常醜
隨者答第四問破戒之人罪業增長墮三惡道受醜隨身
若生人中諸根不具邊地下賤形儀鄙拙人不憙見經百千生
故言破戒常醜隨也　經曰天復請曰
誰為善眷屬　誰為惡心怨　云何極重苦　云何第一樂
述曰此下第五請答此即請也亦有四問一問善眷屬二問惡心
怨三問極重苦四問第一樂誰為善眷屬者此第一問眷屬
謂家眷屬謂親屬世間眷屬或父不慈或子不孝或兄不
順或弟不恭或內外親不仁不義情相乖阻狀若怨家雖名眷
屬而非是善若父慈子孝兄順弟恭內外諸親仁義相向
情無乖阻水乳和同如此眷屬名之為善未知法中誰得名

情無乖阻水乳和同如此眷屬名之爲善未知法中誰得名
爲純善眷屬云何惡心惡者此弟二問姑賢嫉勝名爲惡
心欲相加害名爲惡也未知法中誰是行者惡心惡也云何極
重苦者此弟三問世間繫縛枷鏁囚禁怨會愛離病死
所逼名之爲苦未知法中更有苦惱重過此以不云何弟一樂
者此弟四問世間富貴乘肥衣輕目觀美艷耳聽絲竹田遊獵
婬酒是耽放縱歡娛名之爲樂未知法中更有快樂過此以不
經曰世尊告曰　福爲善眷屬　罪爲惡心惡　地獄極重苦
无生弟一樂　述曰此答也次弟答前四問福爲善眷屬者
答弟一問福謂施戒脩三德施有三種一財施由无貪善根成
二无畏施由无瞋善根成三法施由无癡善根成戒有三種
一攝他戒謂身三由无貪善根成二不嬈他戒謂口四由无瞋善
根成三饒益戒謂受持此二福相續生由无癡善根成脩

有三種一四靜慮由无貪善根成二四无量由无瞋善根成三
四无色由无癡善根成又六度中前五亦是福也如此福德皆以
十善業道爲性若施戒二福生生之處內感欲界人天勝身外
招十善清淨眷屬所謂命不中夭大富梵行所言誠諦常以
軟語眷屬不離善和諍訟言必饒益不嫉不恚正見之人以
爲眷屬若修定福感得色无色界殊勝之身此之三福乃至
遠得三乘聖果也答意云世善眷屬暫會永離難聚易
散不保終久未知法中三福善業真實牢固常資行人多
有利益諸眷屬中以爲第一善也爲罪惡心惡者答第二問
破壞三寶五逆十惡並名爲罪由此罪故能令衆生輪墜三
塗長劫受苦此答意云世間惡心但害一身尚名爲惡法中罪
業能害多身豈非大惡故言罪爲惡心惡也地獄極重苦者

業能害多身豈非大惡故言罪為惡心惡也地獄極重苦者
此名第三開梵音云那落迦舊云泥梨訛也唐云不可樂處然
此不可樂處即是獄多在地下故云地獄也地獄有三熱二
寒。三邊熱地獄有八一等活二黑繩三衆合四叫喚五大叫喚六
燒熱七大熱燒八无間此八在贍部洲下重累而住前二有王治
次三少王治後三无王治然此八為本一一各有十六園一面有四
四面合十六通本為十七八箇十七合有一百卅六所罪人於中
中受熱惱苦寒地獄亦八一頞浮陀由寒苦所逼肉生細胞二尼
頞浮陀由寒風所吹通身成胞三阿吒吒由唇不得動唯舌得動
故作此聲四阿波波由舌不得動唯唇得動故作此聲五嘔喉
喉由唇舌皆不得動振氣故作此聲六欝波羅此是青蓮
華此花蘂細由肉色細坼似此花開七波頭摩此是赤蓮華
由肉色大坼似此花開八芬陀利此是白蓮華由彼骨坼似此花
開前二從身相受名次三從聲相受名後三從瘡相受名又前

二了叫次三不了叫後三不叫此六在四洲背着鐵圍山底所向
居止罪人於中受寒凍苦邊地獄有三一山間二水間三曠野受
別業報寒熱雜受此荅意云雖有人間煞傳枷鏁怨會
愛離病死等苦及以畜生餓鬼之苦比於地獄百分不及其一
乃至千万那由他分亦不及其一故言地獄極重苦也无生弟
一樂者荅弟四問涅槃之體名曰无生以无生故畢竟不滅
聖人證此寂然涅槃常住安隱故是極樂此荅意云世間
樂之極則苦豈若涅槃无苦常樂故經云高者必墮常者必
盡合者必離樂者必苦此偈明生死妄樂之極必苦又云諸行
无常有生滅法生滅滅已寂滅爲樂此偈明涅槃無苦畢
竟常樂故言无生弟一樂也
經曰天復請曰　何者愛非宜　何者宜非愛　何者極熱病
誰是大良醫　述曰此下弟六請荅也此即先請亦有

誰是大良醫　述曰此下第六請荅也此即先請亦有
四問一問愛非宜二問宜非愛三問極埶病四問大良醫何者
愛非宜何者宜非愛者此弟一第二問且如甘飯雜毒雖是所愛
而損身害命不宜食之又如良藥苦口即非所愛而利於病
所宜服之又如諂辞順情雖是所愛而損於行不宜聽之忠言
逆耳雖非所愛而利於行所宜聽之未知法中何者是情所愛
而於身不宜何者於身有宜而非情所愛也何者極埶病者
此第三問也迦摩羅病世稱埶病遇此病者必定當死世醫拱
手未知法中頗更有病極過於此埶病以不誰是大良醫者
此第四問良者善也醫者意也善識病源妙閑藥性療
者也差稱曰良醫良醫有四義一知病二知病因三知病差
四知差已不生未知法中頗有良醫大過如此良醫以不經曰
世尊告曰　諸欲愛非宜　解脫宜非愛　貪為極埶病

仏是大良醫
述曰此答也次第答前四問諸欲愛非宜
者答第一問諸欲謂可愛色聲香味觸五欲境也能生欲心
爲所取故名欲也　經云五欲誑人如蜜塗刀䑛者傷舌
猶如炙瘡初雖少樂後即大苦如逆風執火如其不放必
定燒手如國王貪色遂失其位仙人愛聲從空墜落
比丘嗅香河神責罵沙弥嘗味投池作龍藍弗染觸
退失神足又此五欲現受三苦謂覓時生懃勞苦守時
生怖畏苦失時生熱惱苦又爲非法追求五欲復墮地獄
餓鬼畜生多時受苦後生人天貧窮困苦愛別離苦怨
憎會苦如此等苦皆爲貪著五欲因緣故知五欲雖是凡
情欲心所愛而於行者極非所宜故言諸欲愛非宜解脫宜
非愛者答第二問涅槃无爲體絶衆縛故名解脫證解脫者
永離生死常住湛然如其解脫資潤行者極是所宜而凡
夫愚情之所不愛故言解脫宜非愛故荅言凡夫寡樂

永離生死常住湛然如其解脫貪瞋行者極是而宜而凡
夫愚情之所不愛故言解脫宜非愛故経云凡夫寧樂
癩野干身不樂涅槃野干猶有眼耳身心涅槃無故
貪為極熱病者荅第三問貪是貪使體通三界
遍郭五問六識俱行六塵齊染生死腳足皆惱根源世
間熱病豈能比此如智度論說欲大熾盛燒於天祀豈非貪
愛是極熱病耶現在尚自大燒來生寧免湯鑊故言貪為
極熱病也佛是大良醫者荅第四問如來五眼內明六通外
朗豎觀三際橫觀十方至於身心病源對除藥法悉皆
洞照無非目前故設教逗機皆稱根性隨病授藥無不瘥
益是故佛是極大良醫阿含経說佛有四智一知苦二知習
因三知苦滅四知苦滅道故曰良醫又経云世醫所療治雖差
還復生如來所治者畢竟不復發故言佛是大良醫也

經曰天復請曰　誰能覆世間　世間誰所魅　誰令捨親友
誰復鄣生天　述曰此下第七請荅此即先請文有四問
問覆世間魅世三問捨友四問鄣天誰能覆世間者此第
一問覆謂鄣蔽世間眼目爲瞎盲覆蔽不見色像未知法
中更有何物覆蔽世間不識道理世間誰所魅者此第二問如
世間鬼魅之人令癡或悲或憙未知法中更有何物能魅世間令
其迷亂誰令捨親友者此弟三問明流交密即爲親友
若因財密財盡則踈若因勢親勢敗便阻如張陳亡終蕭朱
隙未是也未知法中誰令衆生捨於親友誰復鄣生天
者此第四問天之勝報人皆受樂由誰爲鄣不得上生
經曰世尊告曰　无智覆世間　世間癡所魅　慳貪捨親友
染著鄣生天　述曰此荅也次第荅前四問无智覆世間者
[illegible]

BD00119　天請問經疏

染著鄣生天　述曰此答也次第答前四問无智覆世間者
答第一問无苦集滅道四諦智或无真俗二諦智名為无
智无智即无明使也由无智故不知生死苦果集因不知解
脫道因滅果不知真諦一相无為不知俗諦三世因果此答
意云世間皆闇但覆肉眼无智能覆世間慧眼故言无
智覆世間也世間癡所魅者答第二問癡即无明別名也由
癡魅故於无常見常於无我見我於不淨見淨於苦見樂所
有行解並皆顛倒如此顛倒並由愚癡故言世間癡所魅
世慳貪捨親友者答第三問慳是恡於己物貪是欲於他
財如律中說有一比丘池邊習定池龍敬德以身繞之比
丘心惡欲令其去方便說偈從索珠云光耀摩尼寶瓔珞
莊嚴身若能施我者是名為善親池龍慳惜說此偈答我
愛摩尼寶　還汝比丘身　我終不施汝　任汝不目覩

仏因此事復說偈云　多貪人所惡　數乞朋友乖
比丘乞龍珠　一去不復迴　故知慳貪能捨親友也又由
貪故唯欲他財由於慳故不行惠施所生之處貧窮乏少無
父无母無妻無子無善知識無親友人故言慳貪捨親友
也成實論有五慳一施慳二家慳三處慳四讃慳五法慳此之
五慳並捨親友也染著鄣生天者荅第四問天謂卅八天皆
須猒下而得上生若染着下地不得生上若染着人中五
欲縱情放逸不肯猒離不得上生六欲天中如經廣說
仏弟難陁猒孫陁羅欣天上女方始持戒願生天如
若染著六天五欲不得上生色界天中若染着色天果報不
得上生无色天中故言染著鄣生天也又三乘聖人名爲
淨天若染著三界卅八天有漏果報不得入彼三乘聖道

淨天若染著三界卅八天有漏果報不從入祖三乘聖道
亦名染著報生天也　經曰天復請曰
誰非火所燒　風亦不能碎　誰非水所爛　能浮持世間
誰能与王賊　勇猛相抗敵　不為人非人　之所來侵奪
述曰此下第八請荅也此即先請問有兩意一問誰無七難
二問誰有一能七難者一火難二風難三水難四王難五賊六
人難七鬼難火以燒燋為難風以飄碎為難水以溺爛為難
王以威力為難賊以劫煞為難人以侵害為難鬼以精魅為難
世間之人多不免此七種灾難未知法中誰能免此七種灾
難也經文可解一能者能浮持世間也世間有二一器世間即
依報二衆生世間即正報如世水輪能浮持地輪及衆生
類未知法中誰能浮持此二世間此由水有二用一能爛

物二能持地故間水爓之次即問浮持也 經曰世尊告曰
福非火所燒 風亦不能碎 福非水所爛 能浮持世間
福能与王賊 勇猛相抗敵 不為人非人 之所來侵奪
述曰此答也答前二問福謂施戒脩三種福也如前善眷属
中釋答無七難意云凡遭七種灾難為造十惡罪因
既脩三種福德亭羅七種灾難問賊行非理容可拒之
人法屬王何得抗敵答如殷紂暴虐周武拒之雖是王人
有相抗敵又王是惣語兼稱臣屬銜王命者並亦名王
如此王臣暴行酷虐非理同賊亦得抗之耳如經說有王責
臣令簿錄家財其臣遂錄已脩福物王瞋責言已脩福物
令並見無何不錄汝家中現物臣答王言已脩福物是臣
之物家中現物元屬王家非臣獨有所以不錄王心開悟

BD00119　天請問經疏

之物家中現物元屬五家非臣獨有所以不録王心開悟
遂亦脩福故知其福非他能奪若有一能意云由三福故
感得人天殊勝正報兼感器界屋宇資緣種種依果故
言福能浮持世間問孔老等去後道以生一從一以生二從二以生
三從三生万物道謂虛通一謂元氣二謂陰陽三謂天地
人万物謂雜畜草木等又云人頭圓像天足方像地感
天地精靈以成於人據此而言即是外器世界能持衆生
世間豈是衆生內福能持水外器世界若孔老所說則天
地生人釋宗所明則人生天地謂由衆生共相業力外感器
界天地依報若成若壞如餘處廣說故經云三界所作皆
是一心又論云外由內得成此則孔老但觀外相先後即謂天
地生人如來洞知內體因果故說人生天地二教深淺觀此可知
經曰天復請曰　我今猶有疑　正應爲除斷

今世往後世　誰極自欺誑　述曰此下第九請荅也
此則先請上半敘問下半正問敘問意云上來廣荅
已析諸諜下情多或尚有餘疑願仏慈悲為我除斷正
問中云今世謂現在後世謂未來謂從今生身往後身也
問有為無常無常不來不去又無主宰誰往耶荅前滅後
生不常不斷因扵果續假說往來譬如將燈從此至彼雖
念念滅假說往來世間三世輪環果因負備何故偏請現未不
問過耶荅前事已經無勞更問後身未受故須請之如
諸天禮白骨餓鬼鞭死屍即是已經之事多分自知故不問
世此問意云世間欺誑但欲侵損他人未知法中更有從今
向後而自侵損極欺誑耶　經曰世尊告曰
若多有珍財　而不能脩福　今世往後世　被極自欺誑

若多有珎財　而不能脩福　今世往後世　被極自欺誑
述曰此答也珎謂金銀八珎財謂錢絹等物世人愚惑自
謂常存不識果因多積財寶於悲田所無恵施心於敬
田中無供養意忽然命盡無一福資輪墜三塗長時受
苦錢財珎寶他人用之已無片善豈非自負故云若多有珎
財而不能脩福今世往後世被極自欺誑又如經云惜財不
布施藏積畏人知捨身空手去餓鬼中受飢又如經云親
眷皆分離唯業不相捨善惡未來世一切時隨逐此中應
引畜生妻人為喻又應引有三子人為喻又經云亭自割
身肉而敢食之不肯持錢財布施求後世之福此人當墮
地獄畜生餓鬼等苦　經曰尒時彼天聞仏世尊說
是經已　述曰此下第三依教奉行尒即是流通有

三一聞法　二申敬　三隱還此即聞法也　經曰歡憙踴躍
歎未曾有頂礼仏足　述曰此申敬也既聞好法不覺欣然
爲申敬德故復歎礼　經曰即於仏前欻然不現
述曰此隱還也來爲諮疑已蒙析滯所懷既遂故隱還宫也
天請問經疏一卷

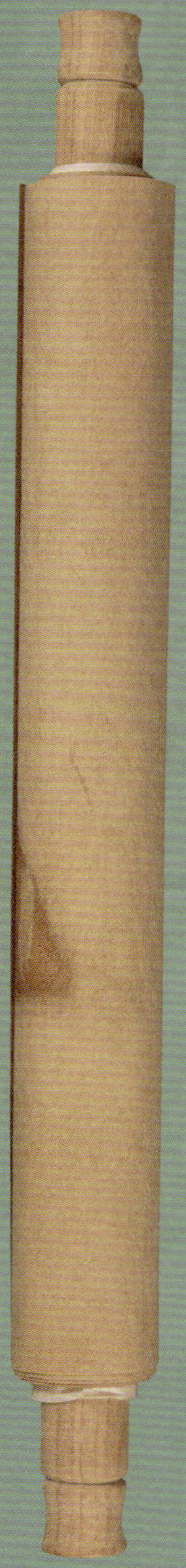

BD00120　金剛般若波羅蜜經

（後秦）鳩摩羅什 譯

152.5cm × 26cm

於意云
如来不應以具
諸相具足即非具足
謂如来作是念
以故若人言如来有所
我所說故須菩提說法
可說是
法
須菩提白佛言世尊佛得阿耨多羅三藐三
菩提為无所得耶如是如是須菩提我於阿
耨多羅三藐三菩提乃至无有少法可得是
名阿耨多羅三藐三菩提復次須菩提是
法平等无有高下是名阿耨多羅三藐三菩提
以无我无人无衆生无壽者脩一切善法

得阿耨多羅三藐三菩提須菩提所言善法
者如来說非善法是名善法
須菩提若三千大千世界中所有諸須弥山
王如是等七寶聚有人持用布施若人以此
般若波羅蜜經乃至四句偈等受持讀誦
為他人說於前福德百分不及一百千万億分
乃至筭數譬喻所不能及
須菩提於意云何汝等勿謂如来作是念我
當度衆生須菩提莫作是念何以故實无有
衆生如来度者若有衆生如来度者如来則
有我人衆生壽者須菩提如来說有我者則
非有我而凡夫之人以為有我須菩提凡夫
者如来說則非凡夫
須菩提於意云何可以卅二相觀如来不須

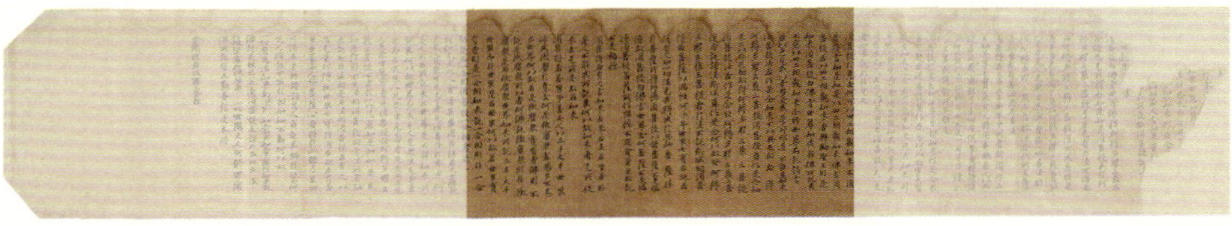

須菩提於意云何可以卅二相觀如來不須
菩提言如是如是以卅二相觀如來佛言須
菩提若以卅二相觀如來者轉輪聖王則是
如來須菩提白佛言世尊如我解佛所說義
不應以卅二相觀如來尒時世尊而說偈言
若以色見我　以音聲求我　是人行邪道　不能見如來
須菩提汝若作是念如來不以具足相故得
阿耨多羅三藐三菩提須菩提莫作是念如
來不以具足相故得阿耨多羅三藐三菩提
須菩提汝若作是念發阿耨多羅三藐三菩
提者說諸法斷滅莫作是念何以故發阿耨
多羅三藐三菩提者於法不說斷滅相須菩
提若菩薩以滿恒河沙等世界七寶布施若
復有人知一切法无我得成於忍此菩薩勝

前菩薩所得功德須菩提以諸菩薩不受福
德故須菩提白佛言世尊云何菩薩不受福
德須菩提菩薩所作福德不應貪著是故說
不受福德
須菩提若有人言如来若来若去若坐若卧
是人不解我所說義何以故如来者无所從
来亦无所去故名如来
須菩提若善男子善女人以三千大千世界
碎為微塵於意云何是微塵衆寧為多不甚
多世尊何以故若是微塵衆實有者佛則不
說是微塵衆所以者何佛說微塵衆則非微
塵衆是名微塵衆世尊如来所說三千大千
世界即非世界是名世界何以故若世界實
有者則是一合相如来說一合相則非一合

有者則是一合相如來說一合相則非一合
相是名一合相須菩提一合相者是一
說但凡夫之人貪著其事須菩提若人言佛說
我見人見衆生見壽者見須菩提於意云何
是人不我所說義不世尊是不解如來所
說義何以故世尊說我見人見衆生見壽者
見即非我見人見衆生見壽者見是名我見
人見衆生見壽者見須菩提發阿耨多羅三
藐三菩提心者於一切法應如是知如是見
如是信解不生法相須菩提所言法相者如
來說即非法相是名法相須菩提若有人以
滿无量阿僧祇世界七寶持用布施若有善
男子善女人發菩薩心者持於此經乃至四
句偈等受持讀誦爲人解說其福勝彼云何

為人演說不取於相如如不動何以故
一切有為法如夢幻泡影如露亦如電應作如是觀
佛說是經已長老須菩提及諸比丘比丘尼
優婆塞優婆夷一切世間天人阿修羅聞
佛所說皆大歡喜信受奉持
金剛般若波羅蜜經

金剛般若波羅蜜經

BD00121

# 大般若波羅蜜多經卷二四〇

（唐）玄奘 譯

261.3cm × 26.2cm

真如清淨真如清淨故一切智智清淨何以故
若一切陁羅尼門清淨若真如清淨若一切
智智清淨無二無二分無別無斷故一切陁
羅尼門清淨故法界法性不虛妄性不變異
性平等性離生性法定法住實際虛空界不
思議界清淨法界乃至不思議界清淨故
一切智智清淨何以故若一切陁羅尼門清
淨若法界乃至不思議界清淨若一切智智
清淨無二無二分無別無斷故善現一切陁羅
尼門清淨故苦聖諦清淨苦聖諦清淨故
一切智智清淨何以故若一切陁羅尼門清淨
若苦聖諦清淨若一切智智清淨無二無二
分無別無斷故一切陁羅尼門清淨故集
滅道聖諦清淨集滅道聖諦清淨故一切智

智清淨何以故若一切陁羅尼門清淨若集
滅道聖諦清淨若一切智智清淨無二無二
分無別無斷故善現一切陁羅尼門清淨故
四靜慮清淨四靜慮清淨故一切智智清淨
何以故若一切陁羅尼門清淨若四靜慮清
淨若一切智智清淨無二無二分無別無斷
故一切陁羅尼門清淨故四無量四無色定清
淨四無量四無色定清淨故一切智智清淨
何以故若一切陁羅尼門清淨若四無量四
無色定清淨若一切智智清淨無二無二分
無別無斷故善現一切陁羅尼門清淨故八
解脫清淨八解脫清淨故一切智智清淨何
以故若一切陁羅尼門清淨若八解脫清淨
若一切智智清淨無二無二分無別無斷

若一切智智清淨無二無二分無別無斷
故一切陁羅尼門清淨故八勝處九次第定
十遍處清淨八勝處九次第定十遍處清淨
故一切智智清淨何以故若一切陁羅尼門清
淨若八勝處九次第定十遍處清淨若一
切智智清淨無二無二分無別無斷故善現
一切陁羅尼門清淨故四念住清淨四念住
清淨故一切智智清淨何以故若一切陁羅
尼門清淨若四念住清淨若一切智智清淨
無二無二分無別無斷故一切陁羅尼門清
淨故四正斷四神足五根五力七等覺支八
聖道支清淨四正斷乃至八聖道支清淨故
一切智智清淨何以故若一切陁羅尼門清
淨若四正斷乃至八聖道支清淨若一切智

智清淨無二無二分無別無斷故善現一切
陁羅尼門清淨故空解脫門清淨空解脫門
清淨故一切智智清淨何以故若一切陁羅尼
門清淨若空解脫門清淨若一切智智清
淨無二無二分無別無斷故一切陁羅尼門
清淨故無相無願解脫門清淨無相無願解
脫門清淨故一切智智清淨何以故若一切
陁羅尼門清淨若無相無願解脫門清淨若
一切智智清淨無二無二分無別無斷故善
現一切陁羅尼門清淨故菩薩十地清淨菩
薩十地清淨故一切智智清淨何以故若一切
陁羅尼門清淨若菩薩十地清淨若一切
智智清淨無二無二分無別無斷故
善現一切陁羅尼門清淨故五眼清淨五眼
智清淨何以故若一切陁羅

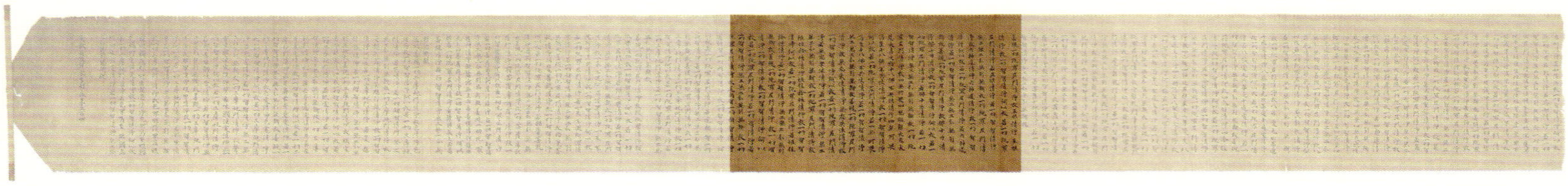

善現一切陁羅尼門清淨故五眼清淨五眼
清淨故一切智智清淨何以故若一切陁羅
尼門清淨若五眼清淨若一切智智清淨
無二無二分無別無斷故一切陁羅尼門清
淨故六神通清淨六神通清淨故一切智智
清淨何以故若一切陁羅尼門清淨若六神通
清淨若一切智智清淨無二無二分無別無
斷故善現一切陁羅尼門清淨故佛十力清
淨佛十力清淨故一切智智清淨何以故若一
切陁羅尼門清淨若佛十力清淨若一切
智智清淨無二無二分無別無斷故一切陁
羅尼門清淨故四無所畏四無礙解大慈大
悲大喜大捨十八佛不共法清淨四無所畏
乃至十八佛不共法清淨故一切智智清淨

何以故若一切陁羅尼門清淨若四無所畏
乃至十八佛不共法清淨若一切智智清淨
無二無二分無別無斷故善現一切陁羅尼門
清淨故無忘失法清淨無忘失法清淨故
一切智智清淨何以故若一切陁羅尼門清
淨若無忘失法清淨若一切智智清淨無二
無二分無別無斷故一切陁羅尼門清淨故
恒住捨性清淨恒住捨性清淨故一切智智
清淨何以故若一切陁羅尼門清淨若恒住
捨性清淨若一切智智清淨無二無二分無別
無斷故善現一切陁羅尼門清淨故一切智
清淨一切智清淨故一切智智清淨何以
故若一切陁羅尼門清淨若一切智清淨若
一切智智清淨無二無二分無別無斷故一切
陁羅尼門清淨故道相智一切相智清淨

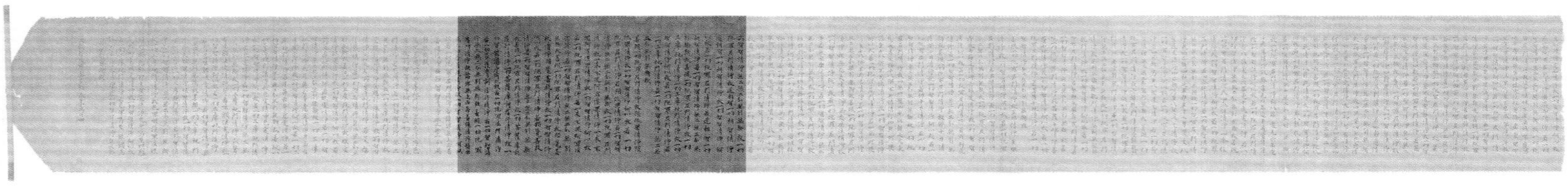

一切智智清淨無二無二分無別無斷故一切
陁羅尼門清淨故道相智一切相智清淨
道相智一切相智清淨故一切智智清淨何
以故若一切陁羅尼門清淨若道相智一切
相智清淨若一切智智清淨無二無二分無
別無斷故善現一切陁羅尼門清淨故一切
三摩地門清淨一切三摩地門清淨故一切
智智清淨何以故若一切陁羅尼門清淨若
一切三摩地門清淨若一切智智清淨無二無
二分無別無斷故
善現一切陁羅尼門清淨故預流果清淨預
流果清淨故一切智智清淨何以故若一切
陁羅尼門清淨若預流果清淨若一切智智
清淨無二無二分無別無斷故一切陁羅尼門

清淨故一來不還阿羅漢果清淨一來不
還阿羅漢果清淨故一切智智清淨何以故
若一切陁羅尼門清淨若一來不還阿羅漢
果清淨若一切智智清淨無二無二分無別
無斷故善現一切陁羅尼門清淨故獨覺菩
提清淨獨覺菩提清淨故一切智智清淨
何以故若一切陁羅尼門清淨若獨覺菩提
清淨若一切智智清淨無二無二分無別無斷
故善現一切陁羅尼門清淨故一切菩薩摩訶
薩行清淨一切菩薩摩訶薩行清淨故一
切智智清淨何以故若一切陁羅尼門清淨
若一切菩薩摩訶薩行清淨若一切智智清
淨無二無二分無別無斷故善現一切陁羅
尼門清淨故諸佛無上正等菩提清淨諸佛
無上正等菩提清淨故一切智智清淨何以

尼門清淨故諸佛無上正等菩提清淨諸佛
無上正等菩提清淨故一切智智清淨何以
故若一切陁羅尼門清淨若諸佛無上正等
菩提清淨若一切智智清淨無二無二分無
別無斷故
復次善現一切三摩地門清淨故色清淨色
清淨故一切智智清淨何以故若一切三摩地
門清淨若色清淨若一切智智清淨無二
無二分無別無斷故一切三摩地門清淨故
受想行識清淨受想行識清淨故一切智智
清淨何以故若一切三摩地門清淨若受想
行識清淨若一切智智清淨無二無二分無
別無斷故善現一切三摩地門清淨故眼處
清淨眼處清淨故一切智智清淨何以故若

一切三摩地門清淨若眼處清淨若一切智
智清淨無二無二分無別無斷故一切三摩
地門清淨故耳鼻舌身意處清淨耳鼻舌
身意處清淨故一切智智清淨何以故若一切三
摩地門清淨若耳鼻舌身意處清淨若一
切智智清淨無二無二分無別無斷故善現一
切三摩地門清淨故色處清淨色處清淨
故一切智智清淨何以故若一切三摩地門清
淨若色處清淨若一切智智清淨無二無
二分無別無斷故一切三摩地門清淨故聲
香味觸法處清淨聲香味觸法處清淨故一
切智智清淨何以故若一切三摩地門清淨
若聲香味觸法處清淨若一切智智清淨無
二無二分無別無斷故善現一切三摩地門
清淨故身界清淨身界清淨故一切智智清

二無二分無別無斷故善現一切三摩地門
清淨故眼界清淨眼界清淨故一切智智清
淨何以故若一切三摩地門清淨若眼界清
淨若一切智智清淨無二無二分無別無斷
故一切三摩地門清淨故色界眼識界及眼
觸眼觸爲緣所生諸受清淨色界乃至眼觸
爲緣所生諸受清淨故一切智智清淨何以故
若一切三摩地門清淨若色界乃至眼觸爲
緣所生諸受清淨若一切智智清淨無二無
二分無別無斷故

大般若波羅蜜多經卷第二百卌

BD00121　大般若波羅蜜多經卷二四〇

BD00122 妙法蓮華經卷六

（後秦）鳩摩羅什 譯

959.8cm × 26cm

德轉身所生□□□□□□□□□

及乘天宮殿□□人於講法處坐更有人来

勸令坐聽若分座令坐是人功德轉身得帝

釋坐處若梵王坐處若轉輪聖王所坐之處

阿逸多若復有人語餘人言有經名法華可

共往聽即受其教乃至須臾間聞是人功德

轉身得與陀羅尼菩薩共生一處利根智慧

百千万世終不瘖瘂口氣不臭舌常无病口

亦无病齒不垢黑不黄不踈亦不缺落不差

不曲□□不下垂亦不褰縮不麁澁不瘡緊

亦不缺壞亦不喎斜不厚不大亦不黎黑无

諸可惡鼻不𠋡𠴭亦不曲戾面色不黑亦不

狹長亦不窪曲无有一切不可喜相脣舌牙

齒悉皆嚴好鼻脩高直面貌圓滿眉高而長

額廣平正人相具足世世所生見佛聞法信
受教誨阿逸多汝且觀是勸於一人令往聽
法功德如此何況一心聽說讀誦而於大衆
為人分別如說脩行尒時世尊欲重宣此義而
說偈言
若人於法會　得聞是經典　乃至於一偈　隨喜為他說
如是展轉教　至于第五十　冣後人獲福　今當分別之
如有大施主　供給无量衆　具滿八十歲　隨意之所欲
見彼衰老相　髮白而面皺　齒踈形枯竭　念其死不久
我今應當教　令得於道果　即為方便說　涅槃真實法
世皆不牢固　如水沫泡焰　汝等咸應當　疾生猒離心
諸人聞是法　皆得阿羅漢　具足六神通　三明八解脫
冣後第五十　聞一偈隨喜　是人福勝彼　不可為譬喻
如是展轉聞　其福尚无量　何況於法會　初聞隨喜者
若有勸一人　將引聽法華　言此經深妙　千万劫難遇

如是展轉聞　其福尚无量　何况於法會　初聞隨喜者
若有勸一人　將引聽法華　言此經深妙　千万劫難遇
即受教往聽　乃至須臾聞　斯人之福報　今當分別說
世世无口患　齒不踈黄黑　脣不厚褰缺　无有可惡相
舌不乾黑短　鼻高脩且直　額廣而平正　面目悉端嚴
為人所喜見　口氣无臭穢　優鉢華之香　常從其口出
若故詣僧坊　欲聽法華經　須臾聞歡喜　今當說其福
後生天人中　得好象馬車　珎寶之輦轝　及乘天宮殿
若於講法處　勸人坐聽法　是福因緣得　釋梵轉輪王
何况一心聽　解說其義趣　如說而脩行　其福不可量

妙法蓮華經法師功德品第十九

尒時佛告常精進菩薩摩訶薩若善男子善
女人受持是法華經若讀若誦若解說若書
寫是人當得八百眼功德千二百耳功德八百
鼻功德千二百舌功德八百身功德千二

百意功德以是功德荘嚴六根皆令清淨是
善男子善女人父母所生清淨肉眼見於三
千大千世界內外所有山林河海下至阿鼻
地獄上至有頂亦見其中一切衆生及業因
緣果報生處悉見悉知尒時世尊欲重宣此
義而説偈言
若於大衆中　以无所畏心　説是法華経　汝聽其功德
是人得八百　功德殊勝眼　以是荘嚴故　其目甚清淨
父母所生眼　悉見三千界　內外弥樓山　須弥及鐵圍
并諸餘山林　大海江河水　下至阿鼻獄　上至有頂處
其中諸衆生　一切皆悉見　雖未得天眼　肉眼力如是
復次常精進若善男子善女人受持此経若
讀若誦若解説若書寫得千二百耳功德以
是清淨耳聞三千大千世界下至阿鼻地獄
上至有頂其中內外種種語言音聲象馬

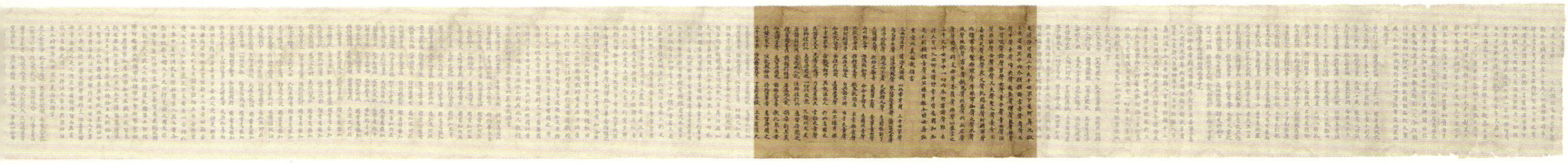

是清淨耳聞三千大千世界下至阿鼻地獄
上至有頂其中内外種種語言音聲象聲馬
聲牛聲車聲啼哭聲愁歎聲螺聲鼓聲鍾聲
鈴聲咲聲語聲男聲女聲童子聲童女聲法
聲非法聲苦聲樂聲凡夫聲聖人聲喜聲不
喜聲天聲龍聲夜叉聲乹闥婆聲阿脩羅聲
迦樓羅聲緊那羅聲摩睺羅伽聲火聲水聲
風聲地獄聲畜生聲餓鬼聲比丘聲比丘尼聲
聲聞聲辟支佛聲菩薩聲佛聲以要言之
三千大千世界中一切内外所有諸聲雖未
得天耳以父母所生清淨常耳皆悉聞知如
是分別種種音聲而不壞耳根尒時世尊欲
重宣此義而說偈言
父母所生耳　清淨无濁穢　以此常耳聞　三千世界聲

象馬車牛聲　清淨螺鼓聲　琴瑟箜篌聲　簫笛之音聲
清淨好歌聲　聽之而不著　无數種人聲　悉聞能解了
又聞諸天聲　微妙之歌音　及聞男女聲　童男童女聲
山川嶮谷中　迦陵頻伽聲　命命等諸鳥　悉聞其音聲
地獄衆苦痛　種種楚毒聲　餓鬼飢渴逼　求索飲食聲
諸阿脩羅等　居在大海邊　自共語言時　出于大音聲
如是說法者　安住於此間　遥聞是衆聲　而不壞耳根
十方世界中　禽獸鳴相呼　其說法之人　於此悉聞之
其諸梵天上　光音及遍淨　乃至有頂天　言語之音聲
法師住於此　悉皆得聞之　一切比丘衆　及諸比丘尼
若讀誦經典　若為他人說　法師住於此　悉皆得聞之
復有諸菩薩　讀誦於經法　若為他人說　撰集解其義
如是諸音聲　悉皆得聞之　諸佛大聖尊　教化衆生者
於諸大衆中　演說微妙法　持此法華者　悉皆得聞之
三千大千界　內外諸音聲　下至阿鼻獄　上至有頂天

三千大千界　内外諸音聲　下至阿鼻獄　上至有頂天
皆聞其音聲　而不壞耳根　其耳聰利故　悉能分別知
持是法華者　雖未得天耳　但用所生耳　功德已如是
復次常精進若善男子善女人受持是經若
讀若誦若解說若書寫成就八百鼻功德以
是清淨鼻根聞於三千大千世界上下內外
種種諸香須曼那華香闍提華香末利華香
瞻蔔華香波羅羅華香赤蓮華香青蓮華香
白蓮華香華樹香菓樹香栴檀香沉水香多
摩羅跋香多伽羅香及千万種和香若末若
丸若塗香持是經者於此間住悉能分別又
復別知衆生之香象香馬香牛羊等香男香
女香童子香童女香及草木叢林香若近若
遠所有諸香悉皆得聞分別不錯持是經者
雖住於此亦聞天上諸天之香波利質多羅

拘鞞陀羅樹香及曼陀羅華香摩訶曼陀羅華香曼殊沙華香摩訶曼殊沙華香栴檀沈水種種末香諸雜華香如是等天香和合所出之香无不聞知又聞諸天身香釋提桓因在勝殿上五欲娛樂嬉戲時香若在妙法堂上為忉利諸天說法時香若於諸園遊戲時香及餘天等男女身香皆悉遙聞如是展轉乃至梵世上至有頂諸天身香亦皆聞之并聞諸天所燒之香及聲聞香辟支佛香菩薩香諸佛身香亦皆遙聞知其所在雖聞此香然於鼻根不壞不錯若欲分別為他人說憶念不謬尒時世尊欲重宣此義而說偈言

是人鼻清淨　於此世界中　若香若臭物　種種悉聞知
須曼那闍提　多摩羅栴檀　沈水及桂香　種種華菓香
及知眾生香　男子女人香　說法者遠住　聞香知所在

須曼那闍提　多摩羅栴檀　沉水及桂香　種種華菓香
及知衆生香　男子女人香　說法者遠住　聞香知所在
大勢轉輪王　小轉輪及子　群臣諸宫人　聞香知所在
身所著珎寶　及地中寶藏　轉輪王寶女　聞香知所在
諸人嚴身具　衣服及瓔珞　種種所塗香　聞則知其身
諸天若行坐　遊戲及神變　持是法華者　聞香悉能知
諸樹華菓實　及蘇油香氣　持經者住此　悉知其所在
諸山深險處　栴檀樹華敷　衆生在中者　聞香皆能知
鐵圍山大海　地中諸衆生　持經者聞香　悉知其所在
阿脩羅男女　及其諸眷屬　鬪諍遊戲時　聞香皆能知
曠野險隘處　師子象虎狼　野牛水牛等　聞香知所在
若有懷妊者　未辯其男女　无根及非人　聞香悉能知
以聞香力故　知其初懷妊　成就不成就　安樂産福子
以聞香力故　知男女所念　染欲癡恚心　亦知脩善者
地中衆伏藏　金銀諸珎寶　銅器之所盛　聞香悉能知

種種諸瓔珞　无能識其價　聞香知貴賤　出處及所在
天上諸華等　曼陁曼殊沙　波利質多樹　聞香悉能知
天上諸宮殿　上中下差別　衆寶華莊嚴　聞香悉能知
天園林勝殿　諸觀妙法堂　在中而娛樂　聞香悉能知
諸天若聽法　或受五欲時　來往行坐卧　聞香悉能知
天女所著衣　好華香莊嚴　周旋遊戲時　聞香悉能知
如是展轉上　乃至於梵世　入禪出禪者　聞香悉能知
光音遍淨天　乃至于有頂　初生及退沒　聞香悉能知
諸比丘衆等　於法常精進　若坐若經行　及讀誦經法
或在林樹下　專精而坐禪　持經者聞香　悉知其所在
菩薩志堅固　坐禪若讀誦　或為人說法　聞香悉能知
在在方世尊　一切所恭敬　愍衆而說法　聞香悉能知
衆生在佛前　聞經皆歡喜　如法而脩行　聞香悉能知
雖未得菩薩　无漏法生鼻　而是持經者　先得此鼻相
復次常精進若善男子善女人受持是經若

雖未得菩薩　无漏法生鼻　而是持經者　先得此鼻相
復次常精進若善男子善女人受持是經若
讀若誦若解說若書寫得千二百舌功德若
好若醜若美不美及諸苦澀物在其舌根皆
變成上味如天甘露无不美者若以舌根於
大衆中有所演說出深妙聲能入其心皆令
歡喜快樂又諸天子天女釋梵諸天聞是深
妙音聲有所演說言論次第皆悉來聽及諸
龍龍女夜叉夜叉女乾闥婆乾闥婆女阿脩
羅阿脩羅女迦樓羅迦樓羅女緊那羅緊那
羅女摩睺羅伽摩睺羅伽女為聽法故皆來
親近恭敬供養及比丘比丘尼優婆塞優婆
夷國王王子羣臣眷屬小轉輪王大轉輪王
七寶千子內外眷屬乘其宮殿俱來聽法以
是菩薩善說法故婆羅門居士國內人民盡

其形壽隨侍供養又諸聲聞辟支佛菩薩諸
佛常樂見之是人所在方面諸佛皆向其處
說法悉能受持一切佛法又能出於深妙法
音尒時世尊欲重宣此義而說偈言

是人舌根淨　終不受惡味　其有所食噉　悉皆成甘露
以深淨妙音　於大眾說法　以諸因緣喻　引導眾生心
聞者皆歡喜　設諸上供養　諸天龍夜叉　及阿脩羅等
皆以恭敬心　而共來聽法　是說法之人　若欲以妙音
遍滿三千界　隨意即能至　大小轉輪王　及千子眷屬
合掌恭敬心　常來聽受法　諸天龍夜叉　羅剎毗舍闍
亦以歡喜心　常樂來供養　梵天王魔王　自在大自在
如是諸天眾　常來至其所　諸佛及弟子　聞其說法音
常念而守護　或時為現身

復次常精進若善男子善女人受持是經若
讀若誦若解說若書寫得八百身功德得清

讀若誦若解說若書寫得八百身功德得清
淨身如淨琉璃衆生憙見其身淨故三千大
千世界衆生生時死時上下好醜生善處惡
處悉於中現及鐵圍山大鐵圍山弥樓山摩
訶弥樓山等諸山及其中衆生悉於中現下
至阿鼻地獄上至有頂所有及衆生悉於中
現若聲聞辟支佛菩薩諸佛說法皆於身中
現其色像尒時世尊欲重宣此義而說偈言
若持法華者　其身甚清淨　如彼淨琉璃　衆生皆憙見
又如淨明鏡　悉見諸色像　菩薩於淨身　皆見世所有
唯獨自明了　餘人所不見　三千世界中　一切諸羣萠
天人阿脩羅　地獄鬼畜生　如是諸色像　皆於身中現
諸天等宮殿　乃至於有頂　鐵圍及弥樓　摩訶弥樓山
諸大海水等　皆於身中現　諸佛及聲聞　佛子菩薩等
若獨若在衆　說法悉皆現　雖未得无漏　法性之妙身

以清淨常體　一切於中現
復次常精進若善男子善女人如来滅後受
持是經若讀若誦若解說若書寫得千二百
意功德以是清淨意根乃至聞一偈一句通
達无量无邊之義解是義已能演說一句一
偈至於一月四月乃至一歲諸所說法隨其
義趣皆與實相不相違背若說俗間經書治
世語言資生業等皆順正法三千大千世界
六趣衆生心之所行心所動作心所戲論皆
悉知之雖未得无漏智慧而其意根清淨如
此是人有所思惟籌量言說皆是佛法无不
真實亦是先佛經中所說尒時世尊欲重宣
此義而說偈言
是人意清淨　明利无穢濁　以此妙意根　知上中下法
乃至聞一偈　通達无量義　次第如法說　月四月至歲

是人意清淨 明利无穢濁 以此妙意根 知上中下法
乃至聞一偈 通達无量義 次第如法說 月四月至歲
是世界內外 一切諸衆生 若天龍及人 夜叉鬼神等
其在六趣中 所念若干種 持法華之報 一時皆悉知
十方无數佛 百福莊嚴相 爲衆生說法 悉聞能受持
思惟无量義 說法亦无量 終始不忘錯 以持法華故
悉知諸法相 隨義識次第 達名字語言 如所知演說
此人有所說 皆是先佛法 以演此法故 於衆无所畏
持法華經者 意根淨若斯 雖未得无漏 先有如是相
是人持此經 安住希有地 爲一切衆生 歡喜而愛敬
能以千万種 善巧之語言 分別而說法 持法華經故
妙法蓮華經常不輕菩薩品第二十
尒時佛告得大勢菩薩摩訶薩 汝今當知 若
比丘比丘尼優婆塞優婆夷持法華經者 若
有惡口罵詈誹謗 獲大罪報 如前所說 其所

得功德如向所說眼耳鼻舌身意清淨得大
勢乃往古昔過无量无邊不可思議阿僧祇
劫有佛名威音王如來應供正遍知明行足
善逝世間解无上士調御丈夫天人師佛世
尊劫名離衰國名大成其威音王佛於彼世
中為天人阿脩羅說法為求聲聞者說應四
諦法度生老病死究竟涅槃為求辟支佛者
說應十二因緣法為諸菩薩因阿耨多羅三
藐三菩提說應六波羅蜜法究竟佛慧得大
勢是威音王佛壽四十万億那由他恒河沙
劫正法住世劫數如一閻浮提微塵像法住
世劫數如四天下微塵其佛饒益眾生已然
後滅度正法像法滅盡之後於此國土復有
佛出亦号威音王如來應供正遍知明行足
善逝世間解无上士調御丈夫天人師佛世

佛出亦号威音王如来應供正遍知明行足
善逝世間解无上士調御丈夫天人師佛世
尊如是次第有二万億佛皆同一号最初威
音王如来既已滅度正法滅後於像法中增
上慢比丘有大勢力尒時有一菩薩比丘名
常不輕得大勢以何因緣名常不輕是比丘
凡有所見若比丘比丘尼優婆塞優婆夷皆
悉礼拜讚歎而作是言我深敬汝等不敢輕
慢所以者何汝等皆行菩薩道當得作佛而
是比丘不專讀誦經典但行礼拜乃至遠見
四衆亦復故往礼拜讚歎而作是言我不敢
輕於汝等汝等皆當作佛故四衆之中有生
瞋恚心不淨者悪口罵詈言是无智比丘從
何所来自言我不輕汝而與我等受記當得
作佛我等不用如是虚妄受記如此經歷多

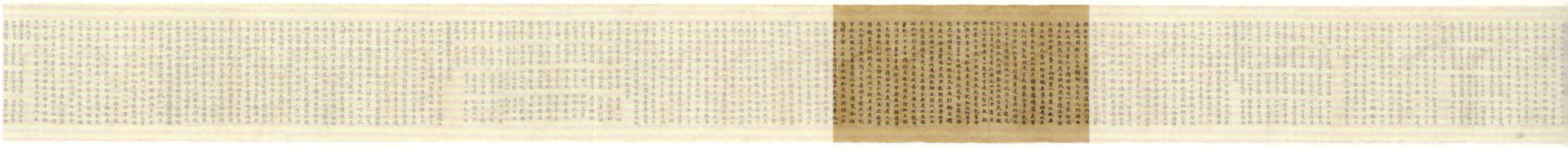

年常被罵詈不生瞋恚常作是言汝當作佛
說是語時衆人或以杖木瓦石而打擲之避
走遠住猶高聲唱言我不敢輕於汝等汝等
皆當作佛以其常作是語故增上慢比丘比丘
尼優婆塞優婆夷号之為常不輕是比丘臨
欲終時於虛空中具聞威音王佛先所說法
華經二十千万億偈悉能受持即得如上眼
根清淨耳鼻舌身意根清淨得是六根清淨
已更增壽命二百万億那由他歲廣為人說
是法華經於時增上慢四衆比丘比丘尼優婆
塞優婆夷輕賤是人為作不輕名者見其
得大神通力樂說辯力大善寂力聞其所說
皆信伏隨從是菩薩復化千万億衆令住
阿耨多羅三藐三菩提命終之後得值二千
億佛皆号日月燈明於其法中說是法華經以

阿耨多羅三藐三菩提命終之後得值二千
億佛皆号日月燈明於其法中說是法華經以
是因緣復值二千億佛同号雲自在燈王於
此諸佛法中受持讀誦為諸四衆說此經典
故得是常眼清淨耳鼻舌身意諸根清淨於
四衆中說法心无所畏得大勢是常不輕菩
薩摩訶薩供養如是若干諸佛恭敬尊重讚
歎種諸善根於後復值千万億佛亦於諸佛
法中說是經典功德成就當得作佛得大勢
於意云何尒時常不輕菩薩豈異人乎則我
身是若我於宿世不受持讀誦此經為他人
說者不能疾得阿耨多羅三藐三菩提我於
先佛所受持讀誦此經為人說故疾得阿耨
多羅三藐三菩提得大勢彼時四衆比丘比
丘尼優婆塞優婆夷以瞋恚意輕賤我故二

百億劫常不值佛不聞法不見僧千劫於阿
鼻地獄受大苦惱畢是罪已復遇常不輕菩
薩教化阿耨多羅三藐三菩提得大勢於汝
意云何尒時四衆常輕是菩薩者豈異人乎
今此會中跋陁婆羅等五百菩薩師子月等
五百比丘尼思佛等五百優婆塞皆於阿耨
多羅三藐三菩提不退轉者是得大勢當知
是法華經大饒益諸菩薩摩訶薩能令至於
阿耨多羅三藐三菩提是故諸菩薩摩訶薩
於如来滅後常應受持讀誦解說書冩是經
尒時世尊欲重宣此義而說偈言
過去有佛　号威音王　神智无量　將導一切
天人龍神　所共供養　是佛滅後　法欲盡時
有一菩薩　名常不輕　時諸四衆　計著於法
不輕菩薩　往到其所　而語之言　我不輕汝

有一菩薩 名常不輕 時諸四衆 計著於法
不輕菩薩 往到其所 而語之言 我不輕汝
汝等行道 皆當作佛 諸人聞已 輕毀罵詈
不輕菩薩 能忍受之 其罪畢已 臨命終時
得聞此經 六根清淨 神通力故 增益壽命
復為諸人 廣說是經 諸著法衆 皆蒙菩薩
教化成就 令住佛道 不輕命終 值无數佛
說是經故 得无量福 漸具功德 疾成佛道
彼時不輕 則我身是 時四部衆 著法之者
聞不輕言 汝當作佛 以是因緣 值无數佛
此會菩薩 五百之衆 并及四部 清信士女
今於我前 聽法者是 我於前世 勸是諸人
聽受斯經 第一之法 開示教人 令住涅槃
世世受持 如是經典 億億万劫 至不可議
時乃得聞 是法華經 億億万劫 至不可議

諸佛世尊　時說是經　是故行者　於佛滅後
聞如是經　勿生疑惑　應當一心　廣說此經
世世值佛　疾成佛道

妙法蓮華經如來神力品第二十一

尒時千世界微塵等菩薩摩訶薩從地踊出
者皆於佛前一心合掌瞻仰尊顏而白佛言
世尊我等於佛滅後世尊分身所在國土滅
度之處當廣說此經所以者何我等亦自欲
得是真淨大法受持讀誦解說書寫而供養
之尒時世尊於文殊師利等无量百千万億
舊住娑婆世界菩薩摩訶薩及諸比丘比丘
尼優婆塞優婆夷天龍夜叉乾闥婆阿脩羅
迦樓羅緊那羅摩睺羅伽人非人等一切衆
前現大神力出廣長舌上至梵世一切毛孔
放於无量无數色光皆悉遍照十方世界衆

前現大神力出廣長舌上至梵世一切毛孔
放於无量无數色光皆悉遍照十方世界衆
寶樹下師子座上諸佛亦復如是出廣長舌
放无量光釋迦牟尼佛及寶樹下諸佛現神
力時滿百千歲然後還攝舌相一時謦欬俱
共彈指是二音聲遍至十方諸佛世界地皆
六種震動其中衆生天龍夜叉乾闥婆阿脩
羅迦樓羅緊那羅摩睺羅伽人非人等以佛
神力故皆見此娑婆世界无量无邊百千萬
億衆寶樹下師子座上諸佛及見釋迦牟尼
佛共多寶如來在寶塔中坐師子座又見无
量无邊百千万億菩薩摩訶薩及諸四衆恭
敬圍繞釋迦牟尼佛既見是已皆大歡喜得
未曾有即時諸天於虛空中高聲唱言過此
无量无邊百千万億阿僧祇世界有國名娑

婆是中有佛名釋迦牟尼今為諸菩薩摩訶
薩說大乘經名妙法蓮華教菩薩法佛所護
念汝等當深心隨喜亦當礼拜供養釋迦牟
尼佛彼諸衆生聞虛空中聲已合掌向娑婆
世界作如是言南无釋迦牟尼佛南无釋迦
牟尼佛以種種華香瓔珞幡蓋及諸嚴身之
具珎寶妙物皆共遥散娑婆世界所散諸物
從十方来譬如雲集變成寶帳遍覆此閒諸
佛之上于時十方世界通達无礙如一佛土
尒時佛告上行等菩薩大衆諸佛神力如是
无量无邊不可思議若我以是神力於无量
无邊百千万億阿僧祇劫為囑累故說此經
功德猶不能盡以要言之如来一切所有之
法如来一切自在神力如来一切秘要之藏
如来一切甚深之事皆於此經宣示顯說是

法如来一切自在神力如来一切秘要之藏
如来一切甚深之事皆於此經宣示顯說是
故汝等於如来滅後應一心受持讀誦解說
書寫如說脩行所在國土若有受持讀誦解
說書寫如說脩行若經卷所住之處若於園
中若於林中若於林下若於僧坊若白衣舍
若在殿堂若山谷曠野是中皆應起塔供養
所以者何當知是處即是道場諸佛於此得
阿耨多羅三藐三菩提諸佛於此轉于法輪
諸佛於此而般涅槃爾時世尊欲重宣此義
而說偈言
諸佛救世者　住於大神道　為說衆生故　現无量神力
舌相至梵天　身放无數光　為求佛道者　現此希有事
諸佛謦欬聲　及彈指之聲　周聞十方國　地皆六種動
以佛滅度後　能持是經故　諸佛皆歡喜　現无量神力

囑累是經故　讚美受持者　於无量劫中　猶故不能盡
是人之功德　无邊无有窮　如十方虛空　不可得邊際
能持是經者　則為已見我　亦見多寶佛　及諸分身者
又見我今日　教化諸菩薩　能持是經者　令我及分身
滅度多寶佛　一切皆歡喜　十方現在佛　并過去未來
亦見亦供養　亦令得歡喜　諸佛坐道場　所得秘要法
能持是經者　不久亦當得　能持是經者　於諸法之義
名字及言辭　樂說无窮盡　如風於空中　一切无障礙
於如來滅後　知佛所說經　因緣及次第　隨義如實說
如日月光明　能除諸幽冥　斯人行世間　能滅衆生闇
教无量菩薩　畢竟住一乘　是故有智者　聞此功德利
於我滅度後　應受持斯經　是人於佛道　決定无有疑

妙法蓮華經囑累品第二十二

尒時釋迦牟尼佛從法座起現大神力以右
手摩无量菩薩摩訶薩頂而作是言我於

BD00122　妙法蓮華經卷六

尒時釋迦牟尼佛從法座起現大神力以右
手摩无量菩薩摩訶薩頂而作是言我於无
量百千万億阿僧祇劫脩習是難得阿耨多
羅三藐三菩提法今以付囑汝等汝等應當
一心流布此法廣令增益如是三摩諸菩薩
摩訶薩頂而作是言我於无量百千万億阿
僧祇劫脩習是難得阿耨多羅三藐三菩提
法今以付囑汝等汝等當受持讀誦廣宣此
法令一切衆生普得聞知所以者何如來有
大慈悲无諸慳悋亦无所畏能與衆生佛之
智慧如來智慧自然智慧如來是一切衆生
之大施主汝等亦應隨學如來之法勿生慳
悋於未來世若有善男子善女人信如來智
慧者當為演說此法華經使得聞知為令其
人得佛慧故若有衆生不信受者當於如來

餘深法中示教利喜汝等若能如是則爲已
報諸佛之恩時諸菩薩摩訶薩聞佛作是說
已皆大歡喜遍滿其身益加恭敬曲躬低頭
合掌向佛俱發聲言如世尊勅當具奉行唯
然世尊願不有慮諸菩薩摩訶薩衆如是三
反俱發聲言如世尊勅當具奉行唯然世尊
願不有慮尒時釋迦牟尼佛令十方來諸分
身佛各還本土而作是言諸佛各隨所安多
寶佛塔還可如故說是語時十方无量分身
諸佛坐寶樹下師子座上者及多寶佛幷上
行等无邊阿僧祇菩薩大衆舍利弗等聲聞
四衆及一切世間天人阿脩羅等聞佛所說
皆大歡喜

妙法蓮華經藥王菩薩本事品第二十三

尒時宿王華菩薩白佛言世尊藥王菩薩云

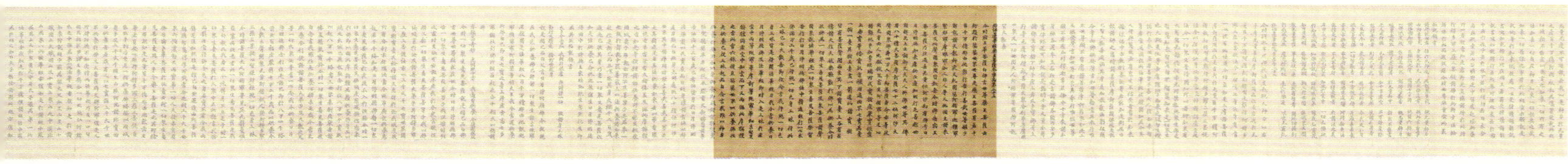

妙法蓮華經藥王菩薩本事品第二十三

尒時宿王華菩薩白佛言世尊藥王菩薩云何遊於娑婆世界世尊是藥王菩薩有若干百千万億那由他難行苦行善哉世尊願少解說諸天龍神夜叉乾闥婆阿脩羅迦樓羅緊那羅摩睺羅伽人非人等又他國土諸來菩薩及此聲聞衆聞皆歡喜尒時佛告宿王華菩薩乃往過去无量恒河沙劫有佛号日月淨明德如來應供正遍知明行足善逝世間解无上士調御丈夫天人師佛世尊其佛有八十億大菩薩摩訶薩七十二恒河沙大聲聞衆佛壽四万二千劫菩薩壽命亦等彼國无有女人地獄餓鬼畜生阿脩羅等及以諸難地平如掌琉璃所成寶樹庄嚴寶帳覆上垂寶華幡寶瓶香爐周遍國界七寶爲臺

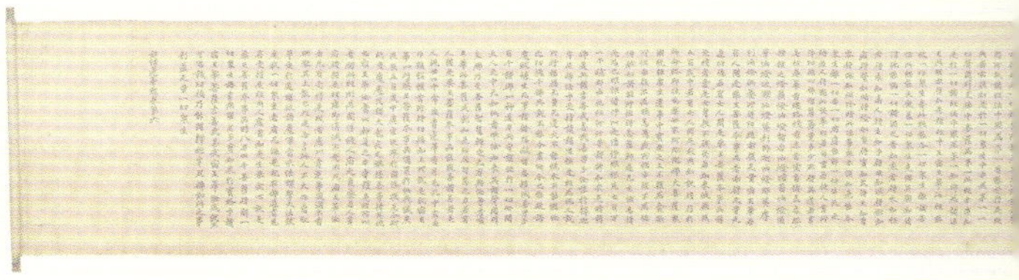

一樹一臺其樹去臺盡一箭道此諸寶樹
皆有菩薩聲聞而生其下諸寶臺上各有百
億諸天作天伎樂歌歎於佛以爲供養尒時
彼佛爲一切衆生喜見菩薩及衆菩薩諸聲
聞衆說法華經是一切衆生喜見菩薩樂習
苦行於日月淨明德佛法中精進經行一心求
佛滿万二千歲已得現一切色身三昧得此
三昧已心大歡喜即作念言我得現一切色
身三昧皆是得聞法華經力我今當供養日
月淨明德佛及法華經即時入是三昧於虛
空中雨曼陁羅華摩訶曼陁羅華細末堅黑
栴檀滿虛空中如雲而下又雨海此岸栴檀
之香此香六銖價直娑婆世界以供養佛作
是供養已從三昧起而自念言我雖以神力
供養於佛不如以身供養即服諸香栴檀薰

是供養已從三昧起而自念言我雖以神力
供養於佛不如以身供養即服諸香栴檀薰
陸兜樓婆畢力迦沉水膠香又飲瞻蔔諸華
香油滿千二百歲已香油塗身於日月淨明
德佛前以天寶衣而自纏身灌諸香油以神
通力願而自燃身光明遍照八十億恒河沙
世界其中諸佛同時讚言善哉善哉善男子
是真精進是名真法供養如來若以華香瓔
珞燒香末香塗香天繒幡蓋及海此岸栴檀
之香如是等種種諸物供養所不能及假使
國城妻子布施亦所不及善男子是名第一
之施於諸施中最尊最上以法供養諸如來
故作是語已而各默然其身火燃千二百歲
過是已後其身乃盡一切衆生憙見菩薩作
如是法供養已命終之後復生日月淨明德

佛國中於淨德王家結跏趺坐忽然化生即
爲其父而說偈言
大王今當知　我經行彼處　即時得一切　現諸身三昧
勤行大精進　捨所愛之身
說是偈已而白父言日月淨明德佛今故現
在我先供養佛已得解一切衆生語言陁羅
尼復聞是法華經八百千万億那由他甄迦
羅頻婆羅阿閦婆等偈大王我今當還供養
此佛白已即坐七寶之臺上昇虚空高七多
羅樹往到佛所頭面礼足合十指爪以偈讚
佛
容顔甚奇妙　光明照十方　我適曾供養　今復還親近
尒時一切衆生憙見菩薩說是偈已而白佛
言世尊世尊猶故在世尒時日月淨明德佛
告一切衆生憙見菩薩善男子我涅槃時到

言世尊世尊猶故在世尒時日月淨明德佛
告一切衆生憙見菩薩善男子我涅槃時到
滅盡時至汝可安施床座我於今夜當般涅
槃又勅一切衆生喜見菩薩善男子我以佛
法囑累於汝及諸菩薩大弟子并阿耨多羅
三藐三菩提法亦以三千大千七寶世界諸
寶樹寶臺及給侍諸天悉付於汝我滅度後
所有舍利亦付囑汝當令流布廣設供養應
起若干千塔如是日月淨明德佛勅一切衆
生憙見菩薩已於夜後分入於涅槃尒時一
切衆生憙見菩薩見佛滅度悲感懊惱戀慕
於佛即以海此岸栴檀爲𧂐供養佛身而以
燒之火滅已後收取舍利作八万四千寶瓶
以起八万四千塔高三世界表剎莊嚴垂諸
幡蓋懸衆寶鈴尒時一切衆生喜見菩薩復

自念言我雖作是供養心猶未足我今當更
供養舍利便語諸菩薩大弟子及天龍夜叉
等一切大衆汝等當一心念我今供養日月
淨明德佛舍利作是語已即於八万四千塔
前然百福庄嚴臂七万二千歲而以供養令
无數求聲聞衆无量阿僧祇人發阿耨多羅
三藐三菩提心皆使得住現一切色身三昧
尒時諸菩薩天人阿脩羅等見其无臂憂惱
悲哀而作是言此一切衆生憙見菩薩是我
等師教化我者而今燒臂身不具足于時一
切衆生憙見菩薩於大衆中立此誓言我捨
兩臂必當得佛金色之身若實不虛令我兩
臂還復如故作是誓已自然還復由斯菩薩
福德智慧淳厚所致當尒之時三千大千世
界六種震動天雨寶華一切人天得未曾有

BD00122　妙法蓮華經卷六

福德智慧淳厚所致當爾之時三千大千世
界六種震動天雨寶華一切人天得未曾有
佛告宿王華菩薩於汝意云何一切衆生憙
見菩薩豈異人乎今藥王菩薩是也其所捨
身布施如是无量百千万億那由他數宿王
華若有發心欲得阿耨多羅三藐三菩提者
能然手指乃至足一指供養佛塔勝以國城
妻子及三千大千國土山林河池諸珎寶物
而供養者若復有人以七寶滿三千大千世
界供養於佛及大菩薩辟支佛阿羅漢是人
所得功德不如受持此法華經乃至一四句
偈其福最多宿王華譬如一切川流江河諸
水之中海為第一此法華經亦復如是於諸
如來所說經中最為深大又如土山黑山小
鐵圍山大鐵圍山及十寶山衆山之中須弥

山為第一此法華經亦復如是於諸經中最
為其上又如衆星之中月天子最為第一此
法華經亦復如是於千万億種諸經法中最
為照明又如日天子能除諸闇此經亦復如
是能破一切不善之闇又如諸小王中轉輪聖
王最為第一此經亦復如是於衆經中最為
其尊又如帝釋於三十三天中王此經亦
復如是諸經中王又如大梵天王一切衆生
之父此經亦復如是一切賢聖學无學及發
菩薩心者之父又如一切凡夫人中須陁洹
斯陁含阿那含阿羅漢辟支佛為第一此經
亦復如是一切如來所說若菩薩所說若聲
聞所說諸經法中最為第一有能受持是經
典者亦復如是於一切衆生中亦為第一一
切聲聞辟支佛中菩薩為第一此經亦復如

典者亦復如是於一切衆生中亦為第一
一切聲聞辟支佛中菩薩為第一此經亦復如
是於一切諸經法中最為第一如佛為諸法
王此經亦復如是諸經中王宿王華此經能
救一切衆生者此經能令一切衆生離諸苦
惱此經能大饒益一切衆生充滿其願如清
涼池能滿一切諸渴之者如寒者得火如裸
者得衣如商人得主如子得母如渡得船如
病得醫如暗得燈如貧得寶如民得王如賈
客得海如炬除暗此法華經亦復如是能令
衆生離一切苦一切病痛能解一切生死之
縛若人得聞此法華經若自書若使人書所
得功德以佛智慧籌量多少不得其邊若書
是經卷華香瓔珞燒香末香塗香幡蓋衣服
種種之燈蘇燈油燈諸香油燈瞻蔔油燈須

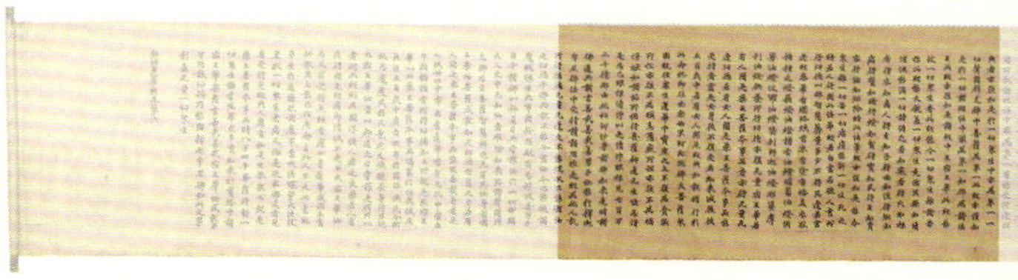

蔔油燈波羅油燈婆利師迦油燈那婆摩
利油燈供養所得功德亦復无量宿王華若
有人聞是藥王菩薩本事品者亦得无量无
邊功德若有女人聞是藥王菩薩本事品能
受持者盡是女身後不復受若如來滅後後
五百歲中若有女人聞是經典如說脩行於
此命終即往安樂世界阿弥陁佛大菩薩衆
圍繞住處生蓮華中寶座之上不復為貪欲
所惱亦復不為瞋恚愚癡所惱亦復不為憍
慢嫉妬諸垢所惱得菩薩神通无生法忍得
是忍已眼根清淨以是清淨眼根見七百万
二千億那由他恒河沙等諸佛如來是時諸
佛遥共讚言善哉善哉善男子汝能於釋迦
牟尼佛法中受持讀誦思惟是經為他人說
得福德无量无邊火不能燒水不能

牟尼佛法中受持讀誦思惟是經為他人說
所得福德无量无邊火不能燒水不能漂汝
之功德千佛共說不能令盡汝今已能破諸
魔賊壞生死軍諸餘怨敵皆悉摧滅善男子
百千諸佛以神通力共守護汝於一切世間
天人之中无如汝者唯除如來其諸聲聞辟
支佛乃至菩薩智慧禪定无有與汝等者宿
王華此菩薩成就如是功德智慧之力若有
人聞是藥王菩薩本事品能隨喜讚善者是
人現世口中常出青蓮華香身毛孔中常出
牛頭栴檀香所得功德如上所說是故宿王
華以此藥王菩薩本事品囑累於汝我滅度
後後五百歲中廣宣流布於閻浮提无令斷
絕惡魔魔民諸天龍夜叉鳩槃荼等得其便
也宿王華汝當以神通之力守護是經所以

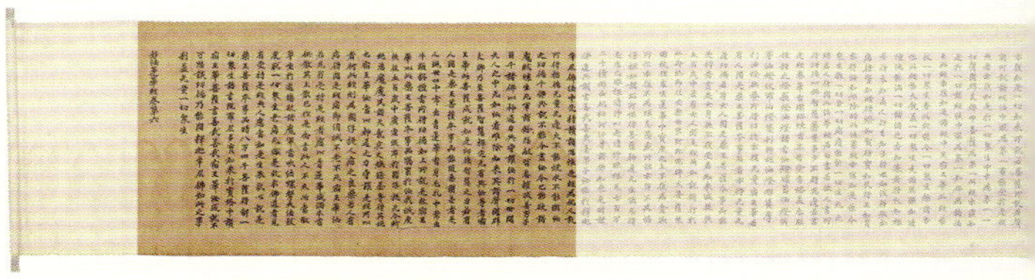

者何此經則為閻浮提人病之良藥若人有
病得聞是經病即消滅不老不死宿王華汝
若見有受持是經者應以青蓮華盛滿末香
供散其上散已作是念言此人不久必當取
草坐於道場破諸魔軍當吹法螺擊大法鼓
度脫一切衆生老病死海是故求佛道者見
有受持是經典人應當如是生恭敬心說是
藥王菩薩本事品時八万四千菩薩得解一
切衆生語言陁羅尼多寶如來於寶塔中讚
宿王華菩薩言善哉善哉宿王華汝成就不
可思議功德乃能問釋迦牟尼佛如此之事
利益无量一切衆生

妙法蓮華經卷第六

BD00122　妙法蓮華經卷六

**圖書在版編目（CIP）數據**

中國國家圖書館藏敦煌文獻．第九册 / 中國國家圖書館編．—北京：國家圖書館出版社，2023.12
ISBN 978-7-5013-7884-5

Ⅰ．①中… Ⅱ．①中… Ⅲ．①敦煌學－文獻 Ⅳ．①K870.6

中國國家版本館CIP數據核字（2023）第217346號

書　　名　中國國家圖書館藏敦煌文獻·第九册
著　　者　中國國家圖書館　編
項目統籌　魏　崇　殷夢霞
責任編輯　潘　竹　程魯潔　黄　鑫　苗文葉
責任校對　劉宇石　王　衡

出版發行　國家圖書館出版社（北京市西城區文津街7號　100034）
（原書目文獻出版社　北京圖書館出版社）
010-66114536　63802249　nlcpress@nlc.cn（郵購）
網　　址　http://www.nlcpress.com
排版印裝　天津裕同印刷有限公司
版次印次　2023年12月第1版　2023年12月第1次印刷

開　　本　787×1092　1/8
印　　張　41
書　　號　ISBN 978-7-5013-7884-5
定　　價　2800.00圓